AU BAGNE

Published by Les Editions de Londres

www.editionsdelondres.com

ISBN : 978-1-911572-14-5

Les Éditions de Londres

11, Barnfield road, London W5 1QU

Illustration de couverture réalisée par Les Editions de Londres.

Au bagne
Albert Londres
1923

Préface des Editions de Londres

Au Bagne, ce n'est pas une ville proche de Marseille, c'est le coup de maître de Londres, puisqu'il est évidemment question de Cayenne.

Il est paradoxal d'ailleurs que la France, patrie des Droits de l'Homme qui envoyait toujours coupables comme innocents (L'affaire Dreyfus) au bagne au début du siècle dernier, ait décidé d'installer la base spatiale de Kourou dans le territoire même où végétaient les indésirables. Eh oui, si Vidocq eut la « chance » d'être envoyé à Toulon, Jean Valjean et Dreyfus, entre autres, furent parmi les nombreux innocents qui découvrirent le petit bout de France coincé entre le Brésil et le Surinam. Une leçon de géographie aux frais de la République, l'école publique pour adultes en quelque sorte. En fait, le bagne de Cayenne ce serait, non pas la face cachée de la lune où l'on rêve qu'Ariane envoie un jour les nouveaux indésirables, mais plutôt le côté pile de la Déclaration des Droits de l'homme et du citoyen, l'envers du décor pour ceux qui n'ont pas les idées bien à l'endroit. « Au Bagne » est écrit à la suite d'un reportage sur le bagne de Saint-Laurent en Guyane. Il est publié en 1923 dans le Petit Parisien. Londres y décrit sans misérabilisme mais avec son humanité, son honnêteté et son humour caractéristiques les conditions ignobles dans lesquels vivent les forçats. Outre le traitement inhumain des condamnés, Londres découvre « le doublage », c'est à dire l'impossibilité pour un forçat ayant purgé sa peine de revenir dans la métropole avant un nombre d'années égal à la peine qu'il vient de terminer (sauf s'il est condamné à plus de sept ans, auquel cas, c'est la résidence guyanaise à perpétuité, un peu comme le chômage longue durée de nos jours). C'est une « double peine » complètement léonine, sans aucune justification humaine, et qui transforme la parodie de justice en spectacle de Guignol. Dans sa lettre ouverte au Ministre des Colonies, il écrit : « Vous êtes un grand voyageur, Monsieur Sarrault. Peut être un jour irez vous à la Guyane. [...] Ce n'est pas des réformes qu'il faut en Guyane, c'est un chambardement général. » Il ne s'arrête pas là. Il continuera à dénoncer les conditions carcérales de la République en 1924 avec « Dante n'avait rien vu », qui décrit les batdaf ou bataillons disciplinaires d'Afrique, précédemment dénoncés par Georges Darien dans Biribi.

« Quand quelqu'un -de notre connaissance parfois- est envoyé aux travaux forcés, on dit : il va à Cayenne. Le bagne n'est plus à Cayenne, mais à Saint Laurent du Maroni d'abord et aux Iles du Salut ensuite. Je demande, en passant, que l'on débaptise ces îles. Ce n'est pas le salut là-bas, mais le châtiment. La loi nous permet de couper la tête des assassins, non de nous la payer [...] Le bagne n'est pas une machine à châtiment bien définie, réglée, invariable. C'est une usine à malheur qui travaille sans plan ni matrice. On y chercherait vainement le gabarit qui servirait à façonner le forçat. Elle les broie, c'est tout, et les morceaux vont où ils peuvent. »

Un an après la publication de « Au bagne », en 1924, le bagne est fermé.

Biographie de l'Auteur

Le plus célèbre journaliste français (1884-1932) est décédé dans des conditions mystérieuses au cours de l'incendie d'un bateau, le « Georges Philippar », en plein Océan Indien. Peut être la vision du journalisme qu'il expose dans cette citation prise et reprise par toutes les biographies (Les Editions de Londres s'excusent de leur manque d'originalité) apporte t-elle un peu de lumière aux circonstances tragiques qui accompagnent la mort du journaliste et écrivain ? « Je demeure convaincu qu'un journaliste n'est pas un enfant de chœur et que son rôle ne consiste pas à précéder les processions, la main plongée dans une corbeille de pétales de roses. Notre métier n'est pas de faire plaisir, non plus de faire du tort. Il est de porter la plume dans la plaie. » Aux Editions de Londres, cette phrase nous semble si juste, nous inspire tellement qu'elle se retrouvera sûrement en page d'accueil un jour prochain.

Inutile de le dire, le choix d'Albert Londres comme troisième auteur publié (dans notre chronologie) n'est pas innocent. Hormis le clin d'œil aux fans de pirouettes sémantiques, voilà bien quelqu'un qui avait le courage de ses idées. De plus, Les Editions de Londres considèrent (peut-être sans originalité) que l'évolution du journalisme depuis trois décennies est assurément un des instruments de la manipulation des masses, ou comme le dit Noam Chomsky, « Manufacturing consent ».

Rien de plus éloigné des idéaux d'Albert Londres. Quel homme admirable ! Quel écrivain ! Quand vous lirez ses ouvrages au fur et à mesure que les Editions du même nom les publient, vous vous en rendrez compte : un humour mordant, une humanité qui déborde le cadre des pages dans laquelle l'esprit s'égare et se mobilise, un sens du rythme et de l'histoire

D'ailleurs, le déclin des valeurs du journaliste s'est aussi accompagné de la disparition d'un qualificatif beaucoup plus proche de la mission que s'était donnée Albert Londres, le grand reporter. Il y aurait une théorie de l'information à écrire, sur les traces d'Albert Londres. Le grand reporter serait ainsi celui d'une époque où l'homme se tourne vers les autres, où son énergie vitale est centrifuge. L'homme moderne est constamment dans une logique de l'analyse de l'extérieur par rapport à soi. Les réseaux sociaux en sont le meilleur exemple : on ne communique jamais avec l'autre que pour un bénéfice personnel. On est entrés dans une logique centripète

Il y a un peu de Tintin chez Albert Londres, un mélange entre l'idéalisme de Don Quichotte et la détermination du Scottish Terrier. Alors, si Albert Londres avait vécu de nos jours, qu'aurait-il fait ? Il n'aurait jamais accepté d'être un de ces journalistes connus. (Les Editions de Londres considèrent que la seule façon d'être un journaliste connu et de garder le respect de soi-même c'est de suivre l'exemple de Mika Brzezinski déchirant le sujet sur Paris Hilton ; d'accord c'est la fille de Zbigniew, et ça aide pour la confiance en soi…). S'il avait vécu de nos jours, il aurait été reporter, il aurait eu un blog, il aurait posté des articles sur Wikipedia.

Dans "Visions orientales", il nous révèle certains aspects du colonialisme en Orient, dans "La Chine en folie", il décrit le chaos de la Chine des années vingt, dans "Terre d'ébène" il dénonce les horreurs de la colonisation en Afrique, dans Le Juif errant est arrivé il décrit la situation des Juifs en Europe centrale et orientale avant la guerre, dans Dante n'avait rien vu il dénonce les conditions de

Biribi en marchant sur les pas de Georges Darien, dans "L'homme qui s'évada" ou Adieu Cayenne !, il demande la révision du procès de Dieudonné, de la Bande à Bonnot...Mais son coup de maître rcstc lc rcportagc-livre avec lequel Les Editions de Londres commencent la publication des oeuvres de Londres, Au bagne.

Introduction

VERS LA GUYANE.

Quand ce matin, le *Biskra* naguère transportant des moutons d'Alger à Marseille et maintenant promu au rang de paquebot annexe dans la mer des Antilles, eut jeté l'ancre devant Port-d'Espagne, les passagers de tous crins et de toutes couleurs, Chinois, Créoles, Blancs, Indiens, entendirent ou auraient pu entendre le commandant Maguero crier de sa passerelle : « Non ! Non ! Je n'ai ni barre, ni menottes, ni armes, je n'en veux pas ! »

En bas, sur la mer, onze hommes blancs et deux policiers noirs attendaient, dans une barque. C'était onze Français, onze forçats évadés, repris, et qu'on voulait rembarquer pour la Guyane.

Le soleil et la fatalité pesaient sur leurs épaules. Ils regardaient le *Biskra* avec des yeux emplis de tragique impuissance. Puis, se désintéressant de leur sort, de la discussion et du monde entier, ils courbèrent la tête sur leurs genoux, se laissant ballotter par le flot.

Les autorités anglaises de Trinidad insistant pour se débarrasser de cette cargaison, on vit arriver peu après un canot qui portait le consul de France.

« La prison de Port-d'Espagne n'en veut plus, et moi je ne puis pourtant pas les adopter, gardez-les, commandant, » fit le consul.

Il fut entendu que les Anglais prêteraient onze menottes et que trois surveillants militaires rentrant de congé et qui regagnaient le bagne dans les profondeurs du *Biskra* seraient réquisitionnés et reprendraient sur-le-champ leur métier de garde-chiourme.

Alors, le commandant cria aux deux policiers noirs :

« Faites monter. »

Les onze bagnards ramassèrent de misérables besaces et, un par un, jambes grêles, gravirent la coupée. Trois gardes-chiourmes ayant revêtu la casquette à bande bleue, revolver sur l'arrière-train, étaient dcjà sur lc pont.

« Mettez-vous là », dit l'un d'eux.

Les bagnards s'alignèrent et s'assirent sur leurs talons.

Quatre étaient sans savates. Chiques et araignées de mer avaient abîmé leurs pieds. Autour de ces plaies, la chair ressemblait à de la viande qui a tourné, l'été, après l'orage. Sur les joues de dix, la barbe avait repoussé en râpe serrée, le onzième n'en était qu'au duvet, il avait vingt ans. Vêtus comme des chemineaux dont l'unique habit eût été mis en loques par les crocs de tous les chiens de garde de la grand'route, ils étaient pâles comme de la bougie.

« Et s'ils s'emparent du bateau ? » demandaient avec angoisse des passagers n'ayant aucune disposition pour la vie d'aventures.

Pauvres bougres ! Ils avaient plutôt l'air de vouloir s'emparer d'une boule de pain !

Les surveillants reconnaissaient les hommes.

« Tiens ! dit l'un, au troisième du rang, te voilà ? Tu te rappelles ? C'est moi qui ai tiré deux coups de revolver sur toi, il y a trois ans, quand tu t'évadas de Charvein. »

« Oui ! répondit l'homme, je me rappelle, chef ! »

Le sixième se tourna vers son voisin :

« Reluque le grand (le plus grand des surveillants), pendant ses vacances il s'est fait dorer la gueule avec l'argent qu'il vola sur nos rations. »

« Debout ! » commanda le chef.

Les onze forçats se levèrent tout doucement.

Le consul quittait le bord.

« Merci tout de même, monsieur le consul ! »

« Pas de quoi ! »

« Allons, venez ! » dit le gardien de première classe, au ventre convexe.

Les hommes suivirent. Par une échelle, ils descendirent aux troisièmes.

« Oh ! Là ! faisaient les femmes des gardes- chiourme, comme ils sont ! Les pauvres garçons ! »

« Tais-toi ! « commanda Gueule d'or à sa compagne.

« Papa ! dit le gosse du surveillant de première classe, tu vas avoir du boulot, maintenant ! »

On les arrêta d'abord dans l'entrepont.

« Videz vos sacs et vos poches. »

Sacs et poches rendirent la plus misérable des fortunes : briquets, bouts de bois, bandes de linge, une bouteille remplie d'allumettes jusqu'au col. L'un tendit un rasoir :

« C'est tout ce qui me reste de ma boîte de perruquier. »

— Où est-elle ?

— Entre les pattes d'un douanier hollandais qui se l'est offerte.

— Les douaniers vous dépouillent ?

— C'est-à-dire qu'ils prennent ce qui leur fait plaisir. Le même m'a soulagé de trois kilos de chocolat, dix jours de vie… C'est ce que l'on appelle les braves gens !

— Tais-toi, dit le plus pâle, ne pas arrêter des forçats, c'est déjà leur faire la charité.

— Chef, pouvons-nous prendre quelques allumettes dans la bouteille ?

— Prenez.

— Vous n'avez plus rien ?

— Voilà la boussole. »

Et on les mena tout au bout du bateau, au-dessus de l'hélice.

LE RÉCIT DE L'ÉVASION.

À la fin de l'après-midi, comme il était six heures et que nous longions les côtes de Trinidad, quittant le pont supérieur, je descendis par l'échelle des troisièmes et, à travers la pouillerie ambulante des fonds de paquebots, je gagnai le bout du *Biskra*.

Les onze forçats étaient là, durement secoués par ce mélange de roulis et de tangage baptisé casserole.

« Eh bien ! leur dis-je, pas de veine !

— On recommencera ! »

Sur les onze, deux seulement présentaient des signes extérieurs d'intelligence. Les autres, quoique maigres, semblaient de lourds abrutis. Trois d'entre eux ayant découvert un morceau de graisse de bœuf s'en frottaient leurs pieds affreux, répétant : « Ah ! Ces vaches d'araignées crabes ! » Mais tous réveillaient en vous le sentiment de la pitié.

On aurait voulu qu'ils eussent réussi.

« D'où venez-vous ? De Cayenne ?

— Mais non ! de Marienbourg, en Guyane hollandaise.

— Nous nous étions évadés du bagne depuis dix-huit mois. On travaillait chez les Hollandais. On gagnait bien sa vie...

— Alors pourquoi avez-vous pris la mer ?

— Parce que le travail allait cesser et que les Hollandais nous auraient renvoyés à Saint-Laurent. Tant que les Hollandais ont besoin de nous, tout va bien. Ils nous gardent. Ils viennent même nous *débaucher* du bagne quand ils créent de nouvelles usines, nous envoyant des canots pour traverser le Maroni, nous donnant des florins d'avance.

C'est qu'ils trouvent chez nous des ouvriers spécialistes et que ce n'est pas les nègres qui peuvent faire marcher leurs machines. »

« Mais, depuis quelques années, ils sont sans cœur. Dès qu'un homme est inutile, ils le livrent. C'est la faute de quelques-uns d'entre nous, qui ont assassiné chez eux, à Paramaribo. Les bons payent pour les mauvais.

— T'as raison, Tintin, dit un rouquin qui graissait les plaies de ses pieds.

— Alors… mais, s'avisa Tintin, à qui ai-je l'honneur de parler ?

— Je vais au bagne voir ce qui s'y passe, pour les journaux.

— Ah ! dit Tintin, moi j'étais typo avant de rouler dans la misère.

— Alors ?

— Alors, pour gagner la liberté, nous nous sommes cotisés, les onze. Nous avons acheté une barque et fabriqué les voiles avec de la toile à sac, et voilà treize jours…

— Quatorze ! fit un homme sans lever la tête posée dans ses mains.

— Nous quittions Surinam. C'est au Venezuela que nous voulions aller. Au Venezuela on est sauvé. On nous garde. On peut se refaire une vie par de la conduite.

« Il nous fallut neuf heures pour sortir de la rivière. Quand, au matin, nous arrivâmes devant la mer, on vit bien qu'elle était mauvaise — mais elle est toujours mauvaise sur ces côtes de malheur — on entra dedans quand même. On vira à gauche, pour le chemin. Le vent nous prit. La boussole marquait nord-est. C'était bon.

« Deux jours après nous devions voir la terre. Le Venezuela ! On ne vit rien. La boussole marquait toujours nord-est. Le lendemain on ne vit rien non plus, mais le soir ! Nous avons eu juste le temps de ramasser les voiles, c'était la tempête.

« D'une main nous nous accrochions au canot et de l'autre le vidions de l'eau qui embarquait.

« Nous n'avions pas peur. Entre la liberté et le bagne il peut y avoir la mort, il n'y a pas la peur. Ce ne fut pas la plus mauvaise nuit.

Le quatrième jour apparut. À mesure qu'il se levait, nous interrogions l'horizon. On ne vit pas encore de terre ! Ni le cinquième jour, ni le sixième.

— Aviez-vous des vivres ?

— Cela n'a pas d'importance. On peut rester une semaine sans manger. Nous avions à boire. La dernière nuit, la septième, ce fut le déluge et le cyclone. Eau dessus et eau dessous. Sans être chrétiens, nous avons tous fait plusieurs fois le signe de croix. »

Les onze hommes à ce moment me regardèrent comme pour me dire : mais oui.

« La barque volait sur la mer comme un pélican. Au matin, on vit la terre. On se jeta dessus. Des Noirs étaient tout près. »

« Venezuela ou Trinidad ? » crions-nous.

— Trinidad.

C'était raté. Nous voulûmes repousser le canot, mais sur ces côtes les rouleaux sont terribles. Après huit jours de lutte, nous n'en avons pas eu la force. Le reste n'a pas duré cinq minutes. Des policemen fondirent sur nous. Dans Trinidad, Monsieur, il n'y a que policiers et voleurs. Un grand noir frappa sur l'épaule du rouquin et dit : « Au nom du roi, je vous arrête ! » Il n'avait même pas le bâton du roi, ce macaque-là ! mais un morceau de canne à sucre à la main. Ces noirs touchent trois dollars par forçat qu'ils ramènent. Vendre la liberté de onze hommes pour trente-trois dollars, on ne peut voir cela que dans ce pays de pouilleux.

Alors j'entendis une voix qui montait du deuxième forçat et qui disait : « Moi, j'ai tué pour moins. »

— Ce n'est pas de chance ! dit Tintin. Quarante camarades nous avaient précédés depuis deux mois, tous sont arrivés. L'un est même marié à la Guayra.

Le garçon de cambuse surgissait sur l'arrière. Je lui commandai une bouteille de tafia.

— On n'est pas des ivrognes, dit l'ancien typo. Les ivrognes ne s'évadent pas. Ils sont vieux à trente ans et n'ont pas de courage ; mais après tout ça, on veut bien ! Ça nous retapera le cœur.

— Et les foies ! dit le rouquin.

— Voyons ! reprit Tintin, où donc est-il le Venezuela ? et, tendant son bras à tribord : c'est bien par là ?

— C'est par là.

— On l'a raté de rien ! Moi j'aurai une peine légère : six mois de prison, je suis relégué, mais Pierrot qui est à perpète, en a pour cinq ans de Saint-Joseph.

— Oui, fit Pierrot, mille cinq cents jours pour avoir risqué la mort pendant sept jours et connu la septième nuit ! Un marin qui aurait passé par là serait décoré, moi on me souque ! Si vous allez là-bas pour les journaux, ce sera peut-être intéressant, rapport à la clientèle, mais non pour nous. Quand on est dans l'enfer, c'est pour l'éternité. »

Une voile blanche apparaissait à plusieurs milles du *Biskra*.

Tous la regardèrent et le rouquin dit :

« C'est peut-être la bande à Dédé ?

— Peut-être. C'est la date.

— Eux sont dans la bonne direction.

La nuit tropicale tombait tout d'un coup comme une pierre. Les onze forçats qu'on n'avait pas menottés s'arrangèrent un coin pour le sommeil. Comme l'un d'eux se couchait sur son pain : « Ne brouille pas le pain, dit Tintin, donne-le pour la réserve. » Des premières, arrivait un vieux chant fêlé de piano-annexe. C'était un air de France vieilli aux Antilles, et plusieurs, mélancoliquement, le fredonnèrent. On entendait aussi les coups de piston de la machinerie. À onze nœuds cinq — et à des titres différents — le *Biskra* nous emmenait au bagne.

Première Partie

À Cayenne

1. C'ÉTAIT CAYENNE

Enfin ! Un soir, à neuf heures, vingt et un jours après avoir quitté Saint-Nazaire, on vit sur une côte de l'Amérique du Sud une douzaine de pâles lumières. Les uns disaient que c'étaient des becs de gaz, d'autres des mouches à feu et certains, des ampoules électriques. C'était Cayenne.

Le *Biskra* avait mouillé assez loin de terre, car, selon les années, le port s'envase. Encore ne devions-nous pas nous plaindre, paraît-il. Une année auparavant, on nous eût arrêtés à quatre milles en mer, ce qui, pour le débarquement, constituait une assez rude affaire, sur ces eaux sales et grondeuses, surtout pour les prévoyants qui ont des bagages de cale !

Le paquebot-annexe mugit comme un taureau, par trois fois. On entendit le bruit que fait l'ancre entraînant sa chaîne. Et tout parut entrer dans le repos.

Mais deux canots, encore au loin, accouraient vers nous, à force de bras. On distinguait sept taches blanches dans l'un, six dans l'autre. Et bientôt on perçut des paroles sur la mer. Les hommes causaient. Une voix plus forte que les autres dit :

« Barre à droite ! »

Et ils atteignirent notre échelle.

Plusieurs avaient le torse nu et d'autres une camisole de grosse toile estampillée d'un long chiffre à la place du cœur. C'était les canotiers, les forçats canotiers, qui venaient chercher le courrier.

Ils firent glisser les paquets le long de la coupée et les rangèrent dans les barques.

« Prenez garde ! dit le maigre qui était au sommet de l'échelle, voilà les « recommandés ».

Je cherchai le surveillant revolver au côté. Absent !

Treize hommes qui maintenant n'avaient plus, comme étiquette sociale, que celle de bandits, étaient là, dans la nuit, maîtres de deux canots et coltinaient officiellement, sous leur seule responsabilité, des centaines de millions de francs scellés d'un cachet de cire dans des sacs postaux.

« Descendez avec moi, me dit Decens, le contrôleur, qui devait accompagner ses sacs jusqu'à la poste. Vous ne trouverez pas à vous loger et, à moins que vous ne couchiez place des Palmistes, vous en serez quitte pour remonter à bord. »

Les forçats se mirent à leurs rames. Nous prîmes place sur les sacs.

« Tassez-vous, chefs ! » cria un forçat.

On se tassa.

« Pousse ! »

La première barque partit, la seconde suivit.

Ils contournèrent le paquebot pour prendre le courant. Leurs bras de galériens étaient musclés. Sur ces mers dures, le métier de canotier, si recherché soit-il, n'est pas pour les paresseux. Ils ramaient bouche close pour ne pas perdre leur force. La faible lueur du *Biskra* ne nous éclaira pas longtemps. On se trouva dans une obscurité douteuse. Instinctivement, je me retournai pour m'assurer que les deux forçats assis derrière moi n'allaient pas m'enfoncer leur couteau dans le dos. J'arrivais. Je ne connaissais rien du bagne. J'étais bête !

« Eh bien ! L'amiral, dit Decens à celui qui tenait la barre. Qu'as-tu fait de ton surveillant, aujourd'hui ?

— Il embrouille les manœuvres. Ce n'est pas un marin. Je lui ai dit de rester à terre, qu'on irait plus vite !

— Penchez-vous à gauche, chef, me dit l'un, entre ses dents, nous arrivons aux rouleaux. »

Littérature des tatoués

Je tirai de ma poche une lampe électrique et la fis jouer. Sur le torse de celui qui me faisait face, j'aperçus une sentence, écrite avec de l'encre bleue. J'approchai la lampe et, dans son petit halo, lus sur le sein droit du bagnard : « J'ai vu. J'ai cru. J'ai pleuré. »

L'amiral demanda : « Vous n'avez pas une cigarette de France, chefs ? »

On n'avait pas de cigarettes de France.

Et je vis, au hasard de ma lampe, qu'il avait ceci, tatoué au-dessous du sein gauche : « L'indomptable cœur de vache. »

Les six ramaient dur. C'était lourd et la vague était courte et hargneuse. Curieux de cette littérature sur peau humaine, je « feuilletai » les autres torses, car, pour être plus à l'aise, tous avaient quitté la souquenille. Sur le bras de celui-ci, il y avait : « J'ai (puis une pensée était dessinée) et au-dessous : à ma mère. » Ce qui signifiait : « J'ai pensé à ma mère. » Je regardai son visage, il cligna de l'œil. Il faisait partie de ces forçats qui ont une tête d'honnête homme.

Je me retournai. Les deux qui m'avaient fait passer le frisson dans le dos offraient aussi de la lecture. Sur l'un trois lignes imprimées en pleine poitrine :

Le Passé m'a trompé,
Le Présent me tourmente,
L'Avenir m'épouvante.

Il me laissa lire et relire, ramant en cadence.

Le second n'avait qu'un mot sur le cou : « Amen. »

« C'est un ancien curé », dit l'*amiral*.

On arrivait. J'ai pu voir bien des ports misérables au cours d'une vie dévergondée, mais Cayenne passa du coup en tête de ma collection. Ni quai, ni rien, et si vous n'aviez les mains des forçats pour vous tirer de la barque au bon moment, vous pourriez toujours essayer de mettre pied sur la terre ferme ! Il paraît que nous n'avons pas encore eu le temps de travailler, depuis soixante ans que le bagne est en Guyane ! Et puis, il y a le climat... Et puis, la maladie, et puis, la politique... et puis, tout le monde s'en f...

Cinquante Guyanais et Guyanaises, en un tas noir et multicolore (noir pour peau, multicolore pour les oripeaux), au bout d'une large route en pente, première chose qu'on voit de Cayenne, étaient massés là pour contempler au loin le courrier qui, tous les trente jours, lentement, leur vient de France.

Et ce fut le surveillant. Je reconnus que c'était lui à la bande bleue de sa casquette. Ou bien il avait perdu son rasoir depuis trois semaines, ou bien il venait d'écorcher un hérisson et de s'en coller la peau sur les joues. Il n'avait rien de rassurant. On ne devrait pas confier un gros revolver à des gens de cette tenue. Mes forçats avaient meilleure mine. Mais c'était le surveillant et je lui dis : Bonsoir.

« B'soir ! fit le hérisson.

— Glou ! Glou ! riaient les Guyanaises. Glou ! Glou !

— Grouillez ! Faites passer les sacs, commandait l'amiral, l' « indomptable cœur de vache ».

Il était dix heures du soir.

À travers Cayenne

Par le grand chemin à pente douce, je partis dans Cayenne. Ceux qui, du bateau, disaient que les scintillements n'étaient que des ampoules électriques avaient raison. Mais l'électricité doit être de la marchandise précieuse dans ce pays ; il n'y avait guère, à l'horizon, que cinq ou six de ces petites gouttes de lumière pendues à un fil.

Ce que je rencontrai d'abord trônait sur un socle. C'étaient deux grands diables d'hommes, l'un en redingote, l'autre tout nu et qui se tenaient par la main. Je dois dire qu'ils ne bougeaient pas, étant en bronze. C'était Schœlcher, qui fit abolir l'esclavage. Une belle phrase sur la République et l'Humanité éclatait dans la pierre.

Peut-être dans cinq cents ans, verra-t-on une deuxième statue à Cayenne, celle de l'homme qui aura construit un port !

Puis, j'aperçus quelques honorables baraques, celle de la Banque de Guyane, celle de la Compagnie Transatlantique. Il y avait une ampoule électrique devant la « Transat », ce qui faisait tout de suite plus gai. Je vis un grand couvent qui avait tout du dix-huitième siècle.

Le lendemain, on m'apprit que ce n'était pas un couvent, mais le gouvernement. C'est un couvent tout de même qui nous vient des Jésuites, du temps de leur proconsulat prospère.

Je ne marchais pas depuis cinq minutes, mais j'avais vu le bout de la belle route. J'étais dans l'herbe jusqu'au menton, mettons jusqu'aux genoux, pour garder la mesure. C'était la savane. On m'avait dit que les forçats occupaient leur temps à arracher les herbes. Il est vrai qu'à deux ou trois brins par jour dans ce pays de brousse…

Généralement, à défaut de contemporains, on croise un chat, un chien dans une ville.

À Cayenne, ces animaux familiers passent sans doute la nuit aux fers, tout comme les hommes. Il n'y a que des crapauds-buffles dans les rues. On les appelle crapauds-buffles parce qu'ils meuglent comme des vaches. Ils doivent être de bien honnêtes bêtes puisqu'on les laisse en liberté !

Cela est la place des Palmistes. Ce n'est pas écrit sur une plaque, mais c'est une place et il y a des palmiers. C'est certainement ce qu'on trouve de mieux en Guyane, on l'a reproduite sur les timbres, et sur les timbres de un, de deux et de cinq francs seulement !

Marchons toujours. Ce n'est pas que j'espère découvrir un hôtel. Je suis revenu de mes illusions, et je crois tout ce que l'on m'a affirmé, c'est-à-dire qu'en Guyane il n'y a rien, ni hôtel, ni restaurant, ni chemin de fer, ni route.

Depuis un demi-siècle, on dit aux enfants terribles : « Si tu continues, tu iras casser des cailloux sur les routes de Guyane », et il n'y a pas de route ; c'est comme ça ! Peut-être fait-on la soupe avec tous ces cailloux qu'on casse ?

Voici le comptoir Galmot. Et ce magasin, un peu plus loin a pour enseigne : l'Espérance. L'intention est bonne et doit toucher le cœur de ces malheureux. Et ce bazar, où les vitres laissent voir que l'on vend des parapluies, des savates et autres objets de luxe, n'est ni plus ni moins que l'œil de Caïn, il s'appelle : La Conscience !

Dans l'huile de foie de morue

Il y a des hommes en liberté ! J'entends que l'on parle. C'est un monologue, mais un monologue dans un village mort semble une grande conversation. Je me hâte vers la voix et tombe sur le marché couvert. Un seul homme parle, mais une douzaine sont étendus et dorment. Ils doivent avoir perdu le sens de l'odorat, sinon ils coucheraient ailleurs. Pour mon compte, je préférerais passer la nuit à cheval sur le coq de l'église qu'au milieu de poissons crevés. Ces misérables dorment littéralement dans un tonneau d'huile de foie de morue !

L'homme parleur dit et redit :

«Voilà la justice de la République ! »

Ils sont pieds nus, sans chemise. Ce sont des blancs comme moi, et, sur leur peau, on voit des plaies.

Comme je continue ma route, l'homme crie plus fort :

« Et voilà la justice de la République ! »

Ce sont des forçats qui ont fini leur peine.

J'ai enfin trouvé une baraque ouverte. Il y a là-dedans un blanc, deux noirs et l'une de ces négresses pour qui l'on sent de suite que l'on ne fera pas de folie. La pièce suinte le tafia. Je demande :

« Où couche-t-on dans ce pays ? »

Le Blanc me montre le trottoir et dit :

« Voilà ! »

Retournons au port.

« Ah ! Mon bonhomme, » m'avait dit le commandant du *Biskra*, qui est Breton, « vous insultez mon bateau, vous serez heureux d'y revenir, à l'occasion. »

J'y revenais pour la nuit.

« Pouvez-vous me faire conduire à bord, monsieur le surveillant ? »

Une voix qui monta de l'eau répondit :

« Je vais vous conduire, chef ! »

C'était « l'indomptable cœur de vache ».

Pendant qu'il armait le canot, je regardais un feu rouge sur un rocher à cinq milles en mer. Ce rocher s'appelle l'« Enfant Perdu ». Il y a neuf mille six cents enfants perdus sur cette côte-là !

2. À TERRE

Le gouverneur de la Guyane est M. Canteau.

Je lui dois la vie : ni plus ni moins. Je veux dire qu'il me donna une maison, un lit, une moustiquaire et une petite bonne.

Si M. Canteau n'avait pas été cet homme au grand cœur, j'aurais été forcé de coucher au marché, dans un tonneau d'huile de foie de morue, et j'en serais mort sans doute.

Donc, ce premier matin, je me pavanais dans mes appartements, quand le *garçon de famille* me tendit une lettre. Le garçon de famille est le bagnard élevé à la dignité de domestique. En Guyane, on compte autant de garçons de famille que de moustiques. Il y a vingt fois plus de garçons de famille que de familles. C'est d'ailleurs pour cela que Painpain, illustre chercheur d'or du Haut-Maroni, affirme et affirmera jusqu'à sa mort que le bagne n'est pas une administration pénitentiaire, mais une école hôtelière.

Voici ce qui était écrit sur la lettre :

« Mon cher confrère, je suis heureux d'apprendre votre arrivée et vous souhaite la bienvenue parmi nous. Ma mère, que j'adore, est journaliste et fait, depuis plus de vingt ans, les procès criminels dans un département du Centre. Dites-moi quand je pourrai vous voir. Je suis porte-clefs et dispose de mon temps. »

Signé : V…, transporté au camp de Cayenne,

Matricule 35.150

« Quand il voudra ! »

Un quart d'heure après, un élégant faisait dans ma chambre une entrée souriante. Col empesé, maillot rayé blanc et bleu, fines chaussures. C'était un matelot de pont, un de ceux qui reluquent les passagères entre deux coups de balai. Il était rose, frais et ressemblait à un pompon de jolie femme. Je cherchai ses gants, mais il ne les mettait que le soir… C'était mon V, mon transporté au camp de Cayenne, mon matricule 35.150.

« Voyons, lui dis-je, j'arrive, je ne sais rien. Êtes-vous encore forçat ? »

— Oui, et à perpétuité.

— Alors, qu'est-ce que vous faites dans ce costume ? »

Il faisait qu'il était porte-clefs et forçat influent et qu'un député était dans sa manche et qu'il faisait décorer les surveillants militaires et qu'il fallait que je fusse une rude gourde pour ne pas connaitre les combinaisons de la transportation.

Il partit et je mis le nez à la fenêtre. Une idylle se déroulait justement dans le jardin à côté, entre un forçat grimpé sur un manguier et un surveillant tenant une corde, au pied de l'arbre. Il s'agissait d'abattre les branches de manguier, qui, ennemies du progrès, passaient leur temps à briser les fils téléphoniques.

« Ne te casse pas les reins, » disait le surveillant au surveillé !

« Tirez à droite. Pas à gauche, bon Dieu, à droite, je vous dis ! »

Le surveillant tirait à droite.

Et un peu plus tard, ce fut charmant de voir le forçat et le gendarme attelés à la même branche, et s'en allant ensemble comme de vieux copains.

Le camp

L'après-midi, j'allai au camp. Il faut vous dire que nous nous trompons en France. Quand quelqu'un — de notre connaissance parfois — est envoyé aux travaux forcés, on pense : il va à Cayenne. Le bagne n'est plus à Cayenne, mais à Saint-Laurent-du-Maroni d'abord et aux îles du Salut ensuite. Je demande, en passant, que l'on débaptise ces îles. Ce n'est pas le salut, là-bas, mais le châtiment. La loi nous permet de couper la tête des assassins, non de nous la payer !

Cayenne est bien, cependant, la capitale du bagne. Si un architecte urbaniste l'avait construite, on pourrait le féliciter. Il aurait réellement travaillé dans l'atmosphère.

C'est une ville désagrégeante. On sent qu'on serait bientôt réduit à rien si on y demeurait et que, petit à petit, on s'y effondrerait comme une falaise sous l'action de l'eau.

Comme oiseaux, il n'y a que les urubus. C'est beaucoup plus gros que le corbeau et beaucoup plus dégoûtant que le vautour. Et cela se dandine entre vos jambes et refuse de vous céder le trottoir. Et ils vous suivent comme si vous aviez l'habitude de laisser tomber des morceaux de viande pourrie sur votre chemin.

Enfin, me voici au camp ; là, c'est le bagne.

Le bagne n'est pas une machine à châtiment bien définie, réglée, invariable. C'est une usine à malheur qui travaille sans plan ni matrice. On y chercherait vainement le gabarit qui sert à façonner le forçat. Elle les broie, c'est tout, et les morceaux vont où ils peuvent.

Matelots, garçons de famille, porte-clés, et autres combinards, ne doivent pas faire illusion. La Guyane n'est d'ailleurs pas pour eux la vallée des Roses. Être condamné à laver, à servir, à vidanger — à l'œil et avec le sourire — ne correspond probablement pas aux rêves de jeunesse de ces messieurs. À côté, il y a les autres, les non pistonnés, les antipathiques, les rebelles, les « pas de chance ». Il y a la discipline incertaine mais implacable. Selon l'humeur, un vilain tour ne coûtera rien à son auteur ; le lendemain, l'homme ramassera une mangue, don de la nature au passant : ce sera le blockhaus. Un réflexe, ici, est souvent un crime.

Il y a qu'ils ne mangent pas à leur faim ; l'esprit peut se faire une raison, l'estomac jamais. Il y a les fers, la nuit, pour beaucoup, dans les cases ! Que chacun ait ce qu'il mérite, nous ne le discutons pas, mais que ces hommes soient venus sur terre pour dormir cloués à une planche, on ne peut dire cela. Plus de neuf mille Français ont été rejetés sur cette côte et sont tombés dans le cercle à tourments. Mille ont su ramper et se sont installés sur les bords, où il fait moins chaud ; les autres grouillent au fond comme des bêtes, n'ayant plus qu'un mot à la bouche : le malheur ; une idée fixe : la liberté.

Parmi les misérables

Il était cinq heures de l'après-midi quand j'arrivai dans la cour. Les corvées étaient rentrées, le matricule 45.903, une figure de noyé, grelottait dans une voiture à bras. À côté de lui, le 42.708 lui caressait doucement les doigts qu'il avait bagués de tatouages.

« Com…man…dant, gémit le 45.903 en s'adressant à un haut chef qui passait, je travail…lais à Ba…duel, vous com…pre…nez. Je suis bon pour l'hô…pi…tal, j'ai la fièvre, oh ! la fièvre, pouvez-vous par bon…té, une cou…ver…ture. »

« Donnez-lui une couverture. »

« Mer…ci, com…man…dant, par bonté. »

Et un petit chat qui voyait l'homme danser de fièvre, croyant que c'était pour jouer, sauta sur lui.

On me conduisit dans les locaux.

D'abord je fis un pas en arrière. C'est la nouveauté du fait qui me suffoquait. Je n'avais encore jamais vu d'homme en cage par cinquantaine. Torses nus pour la plupart (car en Guyane, s'il ne fait pas tout à fait aussi chaud qu'en enfer, il y fait beaucoup plus lourd), torses et bras étaient illustrés.

Les « zéphirs », ceux qui proviennent des bat'-d'Af, méritaient d'être mis sous vitrine. L'un était tatoué de la tête aux doigts de pieds. Tout le vocabulaire de la canaille malheureuse s'étalait sur ces peaux : « Enfant de misère. » « Pas de chance. » « Ni Dieu ni maître. » « Innocents » et cela sur le front. « Vaincu non dompté. » Et des inscriptions obscènes à se croire dans une vespasienne. Celui-là, chauve, s'était fait tatouer une perruque avec une impeccable raie au milieu. Chez un autre, c'étaient des lunettes. C'est le premier à qui je trouvai quelque chose à dire :

« Vous étiez myope ? »

« Non ! Louftingue. »

L'un avait une espèce de grand cordon de la Légion d'honneur, sauf la couleur. Je vis aussi des signes cabalistiques.

Et un homme portait un masque. Je le regardai avec effarement. On aurait dit qu'il sortait du bal. Il me regarda avec commisération et lui se demanda d'où je sortais.

Ils se préparaient pour leur nuit. Cela grouillait dans le local. De cinq heures du soir à cinq heures du matin ils sont libres — dans leur cage. Ils ne doivent rien faire. Ils font tout ! Après huit heures du soir, défense d'avoir de la lumière, ils en ont ! Une boîte à sardines, de l'huile, un bout d'étoffe, cela compose une lampe. On fait une rafle. Le lendemain on trouve tout autant de lampes.

La nuit, ils jouent aux cartes, à la « Marseillaise ». Ce n'est pas pour passer le temps, c'est pour gagner de l'argent. Ils n'ont pas le droit d'avoir de l'argent, ils en ont. Ils le portent dans leur ventre. Papiers et monnaies sont tassés dans un tube appelé *plan* (planquer). Ce tube se promène dans leurs intestins. Quand ils le veulent ils… s'accroupissent.

Tous ont des couteaux. Il n'est pas de forçat sans plan ni couteau. Le matin, quand on ouvre la cage, on trouve un homme le ventre ouvert. Qui l'a tué ? On ne sait jamais. C'est leur loi d'honneur de ne pas se dénoncer. La case entière passerait à la guillotine plutôt que d'ouvrir le bec. Pourquoi se tuent-ils ? Affaire de mœurs. Ainsi finit Soleillant, d'un coup de poignard un soir de revenez-y et de hardiesse mal calculée. Un des quatre buts du législateur quand il inventa la Guyane fut le relèvement moral du condamné. Voilez-vous la face, législateur ! Le bagne c'est Sodome et Gomorrhe — entre hommes.

Et une case ressemble à une autre case. Et je m'en allai.

Evasion

Je redescendis vers la mer. Les « garçons de famille » attendaient devant le marchand de glace, les patrons aimant boire frais ! Un traînard, un forçat, ivre-mort contre le mur de la Banque de la Guyane, piétinait son chapeau de paille tressée et insultait les urubus. Il prendra trente jours de blockhaus. Il en a vu d'autres !…

Émotion au port ! Le surveillant commande nerveusement à la corvée : « Armez le canot ! Grouillez ! Et gare à vous ! »

La corvée ne se grouille pas, la corvée rit intérieurement. C'est qu'à l'horizon, dans une barque, des copains les *mettent*. C'est une évasion.

« Gare à vous ! Armez le canot ! »

« Oui, pouilleux, répond la corvée (intérieurement), compte sur nous et bois de l'eau de Rorota ! »

Les évadés ont dû s'entendre avec une « tapouille » brésilienne que l'on aperçoit plus loin encore, et qui, contre espèces, les conduira à Para.

D'ailleurs, la nuit va tomber comme un plomb. Un second surveillant arrive, essoufflé. La corvée est prête, enfin ! Six galériens et deux surveillants, revolver en main, prennent la mer… Mais c'est pour la forme. D'ailleurs, cette mer, ce soir, n'est pas bonne ; elle est bonne pour des forçats, non pour des surveillants. Les chasseurs d'hommes reviendront…

Les hommes aussi, probablement.

3. CHEZ BEL-AMI

Ce soir, à six heures, alors que les urubus dégoûtants s'élevaient sur les toits pour se coucher, je descendais la rue Louis-Blanc. J'allais chez Bel-Ami.

C'est moi qui l'appelle Bel-Ami, autrement, lui, s'appelle Garnier. Il est ici pour traite des blanches. Il a fini sa peine, et, pendant son « doublage », il s'est installé restaurateur. Il traite maintenant ses anciens camarades et fait sa pelote. C'est le rendez-vous des libérés rupins.

Le *doublage ?* Quand un homme est condamné à cinq ou à sept ans de travaux forcés, cette peine achevée, il doit rester un même nombre d'années en Guyane. S'il est condamné à plus de sept ans, c'est la résidence perpétuelle. Combien de jurés savent cela ? C'est la grosse question du bagne : Pour ou contre le doublage.

Le jury, ignorant, condamne un homme à deux peines. Le but de la loi était noble : amendement et colonisation, le résultat est pitoyable : le bagne commence à la libération.

Tant qu'ils sont en cours de peine, on les nourrit (mal), on les couche (mal), on les habille (mal). Brillant minimum quand on regarde la suite. Leurs cinq ou sept ans achevés, on les met à la porte du camp. S'ils n'ont pas un proche parent sénateur, l'accès de Cayenne leur est interdit. Ils doivent aller au kilomètre sept. Le kilomètre sept, c'est une borne et la brousse. Lorsqu'on a hébergé chez soi, pendant cinq ou sept ans, un puma, un tamanoir, un cobra, voire seulement une panthère noire, on peut les remettre en liberté dans la jungle ; en faisant appel à leur instinct, ils pourront s'y retrouver ; mais le voleur, l'assassin, la crapule, même s'il a une tête d'âne, n'est pas pour cela un animal de forêt. L'administration pénitentiaire, la « Tentiaire » dit : Ils peuvent s'en tirer. Non. Un homme frais y laisserait sa peau.

Lorsque j'entrai chez Garnier, une dizaine de *quatrième-première* étaient attablés (les libérés astreints à la résidence sont des quatrième-première. On rentre en France au grade de quatrième-deuxième). Je n'eus pas besoin de me présenter. Le bagne savait déjà qu'un « type » venait d'arriver *pour les journaux*. Et comme les physionomies nouvelles ne pullulent pas dans ce pays de villégiature, il n'y avait pas de doute : le « type » c'était moi :

« Un mou-civet, commanda une voix forte, un ! »

Deux lampes à pétrole pendaient, accrochées au mur, mais ce devait être plutôt pour puer que pour éclairer.

Sur une large ardoise s'étalait le menu du jour :

Mou-civet : 90

Fressure au jus : 90

Machoiran salé : 1

Vin, le litre : 3,40

Conservation

Bel-Ami, joli homme, chemise de tennis, canotier sur l'oreille, blondes moustaches d'ancien valseur, se tenait debout au milieu de sa baraque. Il jugea que je devais au moins me nommer.

« À qui ai-je l'honneur ?... » demanda-t-il, secouant d'un geste dégagé sa cendre de cigarette.

La politesse accomplie, il me pria de m'asseoir.

« Votre visite ne m'étonne pas, dit-il. Ma maison est la plus sérieuse. J'ai la clientèle choisie du bagne. Pas de « pieds-de-biche » (de voleurs) chez moi. »

Les clients me reluquaient plutôt en dessous.

« Voici Monsieur, dit Bel-Ami, s'adjugeant immédiatement l'emploi de président de la séance, qui vient pour vous servir, vous comprenez ? »

Alors, j'entendis une voix qui disait :

« Bah !... nous sommes un tas de fumier... »

C'était un homme qui mangeait, le nez dans sa fressure.

Mon voisin faisait une trempette dans du vin rouge. Figure d'honnête homme, de brave paysan qui va sur soixante-dix ans.

« Monsieur, j'ai écrit au président de la République. Il ne me répond pas. J'ai pourtant entendu dire que, lorsqu'on avait eu des enfants tués à la guerre, on avait droit à une grâce...

— Vous en avez encore pour combien ?

— J'ai fini ma peine, j'ai encore cinq ans de doublage.

— Qu'est-ce que tu as fait ? demanda Bel-Ami.

— J'ai tué un homme...

— Ah !... si tu as tué un homme !...

— Pourquoi avez-vous tué cet homme ?

— Dans une discussion comme ça, sur ma porte, à Montroy, près de Vendôme. Il m'avait frappé. J'ai tué d'un seul coup. »

On voyait qu'il avait tué comme il aurait lâché un gros mot. Il était équarrisseur. Il s'appelle Darré. Il s'étonne que le président de la République ne lui réponde pas ; c'est donc un brave homme ! Il avait l'air très malheureux ! D'ailleurs, il s'en alla cinq minutes après, comme un pauvre vieux.

La pluie tropicale se mit à tomber avec fracas, on ne s'entendit plus. Bel-Ami ferma la porte. On se sentit tout de suite entre soi.

Au fond, un abruti répétait sans cesse d'une voix de basse :

« L'or ! L'or ! Ah l'or !

— Tais-toi, vieille bête, dit Bel-Ami, tu en as trouvé de l'or, toi ?

— Oui, oui, au placer « Enfin ! »

— Mange ta fressure et tais-toi. Nous avons à parler de choses sérieuses. »

Et se tournant vers moi, d'un air entendu :

« Ne faites pas attention, il est maboul.

— M'sieur ! dit un homme au masque dur, si on a mérité vingt ans, qu'on nous mette vingt ans ; mais quand c'est fini, que ce soit fini. J'ai été condamné à dix ans, je les ai faits. Aujourd'hui, je suis plus misérable que sous la casaque. Ce n'est pas que je sois paresseux. J'ai fait du balata dans les bois. Je crève de fièvre. C'est Garnier qui me nourrit. Qu'on nous ramène au bagne ou qu'on nous renvoie en France. Pour un qui s'en tire, cent vont aux Bambous (au cimetière).

— C'est vrai, dit Bel-Ami, moi, j'ai réussi. J'ai plus de quinze mille francs de crédit sur la place... »

À ce moment, la porte s'ouvrit sous une poussée. Un grand noir pénétra en trombe.

« René, dit-il à Bel-Ami, prête-moi cent francs.

— Voilà, mon cher, dit Bel-Ami, prenant le billet dans sa poche de poitrine, entre deux doigts. »

Le nègre sortit rapidement.

« C'est le maire de Tanegrande, m'expliqua Garnier avec négligence. »

Je demandai du vin pour l'assemblée.

« Et nous deux nous prendrons un verre de vieux rhum, vous me permettrez de vous l'offrir ?

— Bien sûr, monsieur Garnier. »

Il reprit :

« Tu comprends, Lucien, en un sens tu as raison. Le doublage devrait être supprimé, mais si nous rentrons tous en France, la Guyane est perdue.

— Allons donc ! Nous sommes la plaie !

— Non ! Mon cher. Nous sommes *indispensables*, ici ; les trois quarts des maisons de commerce fermeraient leur porte sans nous. Ensuite, il faut bien se rendre compte qu'au point de vue de la société, le gouvernement ne peut admettre qu'on rentre en groupe. Nous sommes dangereux ; mais, voyez-vous, monsieur, deux par deux, petit à petit, voilà la solution.

— L'or ! L'or ! Ah ! L'or !

— La solution ? C'est de tout chambarder ! »

Cette voix ne venait pas de la salle, mais d'un coin, derrière.

« C'est un revenant ? demandai-je.

— Non, c'est le neveu de mon ancien associé à Paris. Il mange derrière parce que, lui, il est encore en cours de peine. Il devrait être aux fers à cette heure, et même depuis longtemps. Mais sa mère me l'a tellement recommandé ! Je le débrouille. On a des relations.

— Je me cache pour manger, oui, reprit la voix.

— Tu n’as pas le droit de te plaindre, toi. Tu ne veux pas être au bagne et aller au cinéma tous les soirs ?

— J’en ai assez d’être libre d’une liberté de cheval.

— Tu n’avais qu’à ne pas flanquer un coup de matraque à ton bourgeois. Il faut te rendre compte de ce que tu as fait, tout de même ! »

La voix se tut.

À la table à côté, un homme souriait chaque fois que je le regardais. Il avait l’air d’un bon chien qui ne demande qu’à s’attacher à un maître.

« Qu’est-ce que vous avez fait, vous ? »

Il se leva, sortit une enveloppe de sa poche, retira de l’enveloppe la photo d’une jeune femme.

« Eh bien, voilà ! dit-il, je l’ai tuée. »

Le carton portait le nom d’un photographe de Saint-Étienne.

Il reprit l’image, la regarda amèrement. Il la remit dans l’enveloppe et s’assit.

Dans la demi-obscurité, le vieil abruti gémissait toujours.

« Ah ! L’or ! L’or !

— Il y a longtemps qu’il est ici, ce conquistador ?

— Dix ans, répondit le fou. »

Alors, Bel-Ami, d’un geste qui partit de l’emmanchure de sa veste et se détendit jusqu’au bout de son bras :

« Mon convoi ! » dit-il, montrant le fou du placer.

Et il m’offrit une cigarette.

« Avec plaisir. »

Celui qui avait le masque dur éclata soudain :

« Si, dans huit jours, je n’ai pas trouvé de travail, je commets un vol qualifié pour qu’on me reprenne dans le bagne.

— Il est évident, ponctue Bel-Ami, que tous n’ont pas la chance. Moi, j’ai mon commerce, ma maîtresse, une Anglaise. »

Il m'indiqua le côté de la caisse. Je regardai. Je vis une maigre négresse.

« Elle est des Barbades, dit-il.

— Je vois, fis-je.

— Ah ! La femme fait oublier bien des misères. Ainsi, au bagne — et montrant ses belles dents — sans les femmes des surveillants…

— L'or ! Ah ! L'or !

— Ferdinand, tu vas te taire, ou je te présente ton compte ! Je dois vous dire que je fais crédit à ces gens. C'est une boule de neige, les uns paient, les autres non. On apprend la charité, dans notre monde !

— Et moi, jeta l'homme qui voulait commettre un vol qualifié, moi, je m'évade, pas plus tard que demain.

— Et il aura raison ! dit Bel-Ami. Je vais vous faire comprendre. Supposons que nous commettions un crime, tous deux… On est refaits ensemble, ensemble, on arrive au Maroni, on en a chacun pour sept ans. On fait son temps. Après, moi je m'évade. Je passe cinq années sur les trottoirs de New York, de Rio ou Caracas, et je rapplique. D'après la loi, on doit me libérer. J'ai été cinq ans absent. Et on me libère ! Vous qui serez resté à trimer, vous en aurez encore jusqu'à perpétuité !

— Quand nos aïeux ont fait la loi, ils devaient être *noirs*, dit l'abruti qui, dans sa pénombre, avec obsession, rêvait à l'or. »

Je payai.

« Pour le vin seulement ; c'est moi qui offre les deux rhums.

— Merci. »

Et je sortis.

C'était la nuit sans étoiles. Cayenne, comme d'habitude, était déserte et désespérée. J'avais à peine fait vingt pas dans les herbes qu'on m'appelait. C'était Bel-Ami.

« Pardon, monsieur ! fit-il en soulevant son canotier, vous avez oublié votre monnaie sur la table. »

4. HESPEL - LE - CHACAL

Cet autre jour, comme je passais dans les couloirs — ces couloirs qui donnent la chair de poule — des locaux disciplinaires du camp de Cayenne, je vis, par l'une de ces rues de cachots, une pancarte qui, à la porte d'une cellule, portait en gros caractères, à l'encre rouge, ces trois mots : « À surveiller étroitement. »

« Qui est-ce ? » demandai-je au délégué qui m'accompagnait.

Et le délégué, du sourire de l'homme qui en sait long :

« Ah ! C'est Hespel, l'ancien bourreau de bagne, une vieille célébrité.

— Pouvez-vous me faire ouvrir ?

— Volontiers.

Et le porte-clefs, un Arabe, fit jouer la lourde serrure, d'une poigne de fer.

Dans la cellule, guère plus grande qu'un cercueil, un homme venait de se dresser et, torse nu, mains dans le rang, regard résolu, il fixait l'apparition imprévue que j'étais.

Fort encore. Il avait plus de quarante-cinq ans d'âge, mais n'était point vieux. Solide comme un tronc ; ses lèvres tremblaient comme un roseau.

« Eh ! bien, Hespel, dit le délégué, voilà monsieur. Si vous avez quelque chose à dire, vous pouvez parler. »

Hespel fit un pas en avant et, toujours au garde-à-vous :

« À qui donc ai-je l'honneur de parler ? »

Je le lui dis.

« Ah ! Parfait ! J'allais vous écrire.

— Si je vous gêne, Hespel, je puis me retirer, fit le délégué. Vous pouvez parler en toute liberté.

— Dieu lui-même n'a jamais gêné Hespel », répondit Hespel.

Et, s'avançant encore d'un pas, il se présenta :

« Hespel Isidore, dit Chacal, matricule 13.174, ancien camisard, vingt ans de bagne pour avoir lancé un bouton de pantalon à la tête d'un colonel, en Afrique. Ancien bourreau des îles du Salut pour le compte de l'Administration, présentement maintenu en cellule à cause d'un meurtre que j'ai commis sur la personne du transporté Lanoé, du 2e peloton, qui voulut m'empoisonner et qui avait assassiné sa mère qui lui donna le jour ! »

Ayant repris respiration, il lança :

« C'est t'honteux. »

Un judas éclairait misérablement la cellule. Une planche, munie de la barre de justice — la manille, — deux récipients à terre, l'un pour l'eau, l'autre pour la vidange. D'un geste, Hespel me montre cela, disant :

« Voilà le cloaque où depuis sept mois, comme un pourceau de la sorcière Circé, je me roule dans la fange de l'iniquité.

— Hespel, reprit le délégué, vous n'êtes pas au bagne à cause d'un bouton de pantalon, mais pour tentative d'assassinat.

— Et aussi pour avoir crié : « Mort aux gendarmes ! Mort aux vaches ! » et pour ma maxime que je porte au bras : « Sauve qui peut ! Succombe qui doit ! »

Il se raidit et fit : « Je vais parler. »

Et il parle !...

« Tant que la justice régna au sein du bagne, de cette justice je me suis fait l'auxiliaire. C'est pourquoi je fus exécuteur des hautes œuvres. Mais, du jour où j'ai compris que la justice n'existait qu'à l'état de feu follet, j'ai déserté cette route marécageuse.

« Monsieur, grâce à mes importantes fonctions, j'ai vu tant d'injustices, tant de massacres froidement ordonnés et exécutés, que j'ai décidé de rentrer dans la vie solitaire.

« Au bagne, quand un forçat est investi de la charge de bourreau, du coup il devient un puissant personnage, mais si, comme moi, homme de cœur et de générosité…

— Taisez-vous donc, Hespel, vous avez passé votre temps à manger aux deux râteliers (le bagne n'est tenu que par la délation).

— homme de cœur et de générosité, il commet l'imprudence de démasquer l'*ostracisme* (!), il devient aussitôt, pour quelques surveillants, un oiseau de mauvais augure, si bien que de sa grandeur, il tombe dans la décadence. C'est mon histoire. »

Il siffla comme un Japonais et continua :

« Je dois vous dire encore une raison qui m'avait fait accepter l'emploi de bourreau. C'est que, d'après moi, ce haut emploi ne va pas à l'encontre du cœur humain, et que mieux vaut un bourreau défenseur des opprimés qu'un civil quelconque, comme Deibler, qui ne connaît même pas ses victimes ! »

Je suis Hespel, dit Chacal

Lui, les connaissait ! il avait des tendresses pour les camarades qu'il menait à la bascule. Leur tête dans la lunette, il les prenait par l'oreille et, une fois le couteau tombé, ne lâchait pas la tête. Devant les transportés de troisième classe agenouillés autour de la guillotine, et ceux de deuxième, derrière leurs barreaux, témoins forcés du châtiment, il déposait alors doucement, dans le panier, le chef sanglant de son vieil ami. Et pendant huit jours, se promenant face au Rocher noir (île du Diable), il répétait au vent du large et aux requins : « Je suis Hespel, dit Chacal. »

« Hespel ! Tout cela est bien, mais pourquoi êtes-vous en cellule ? Pourquoi passerez-vous de nouveau en cour d'assises ; il faut le dire, fit le délégué.

— Et je vais le dire, commandant. Parce que j'ai tué un *infanticide*.

— Un *infanticide ?*

— Oui, le pourceau Lanoé, qui avait tué sa mère.

— Mais ce n'est pas parce qu'il a tué sa mère que vous l'avez tué ?

— Non ! Il voulait me tuer. Écoutez, je vais parler.

« Une première fois, sur le pénitencier des îles du Salut, à l'époque où l'ex-caporal Deschamps, le traître à sa patrie, détenait, lui et ses complices, un poison violent pour jeter dans les citernes, j'ai failli, pour avoir servi la société, mourir sous les coups des conspirateurs.

« Une autre fois — et Monsieur le délégué sait bien ce que je veux dire, car s'il est des surveillants militaires, honneur de la profession qui travaillent au relèvement moral des malheureux, il en est d'autres… qui ont tenté de me tuer…

« Une troisième fois — et c'était trop — Lanoé, conseillé par des autorités que je citerai devant mes juges… »

Et Hespel découvrit ses dents.

« Il a voulu me faire le coup du père François ; alors… ! »

Le bourreau, soudain, bondit en avant et de son poing poignarda le vide.

Je reculai d'un pas.

« Alors, je lui ai répondu par le coup de Barcelone ; je lui ai flanqué Achille (son couteau) dans les boyaux !

« Je vais passer en cour d'assises. Assistez-y. Je prends la liberté, monsieur, de vous y inviter. Ce sera une affaire sans précédent. Quel défilé curieux vous y verrez ! Des témoins sournois, retors, blêmes de crainte. Leur but ne sera pas de dire la vérité, mais de ne pas se compromettre en la disant. Il y en aura de loquaces, ce seront les menteurs ; de muets, et ce sera ceux qui savent le plus. Et les allures ! Ce sont elles qui décèleront l'ignominie des témoignages. On échafaudera contre moi plus de mauvaise foi qu'il n'y a d'arbres dans la brousse sans fin de Guyane. Vous verrez le bagne sur son propre visage. »

L'éloquence d'Hespel prenait peu à peu de l'allure :

« Ma tête est en jeu et me voici dans cette cellule où moi-même je suis venu chercher, pour les exécuter, trois condamnés à mort, à leur dernier matin. Est-ce là le fruit de mes nombreux services à la justice et à la surveillance ? Si obscur que je sois devenu, après tant de déceptions, aurais-je encore celle d'avoir tant souffert, pour rien ? Est-il écrit que mon sang sera versé pour satisfaire — et il regarda férocement le porte-clefs — ceux qui, au contraire, devraient me protéger contre la haine clandestine ? Entendrai-je, une nuit prochaine, entre mes deux petits pots, le chant du condamné à mort ? »

Le chant du condamné à mort

Hespel s'arrêta.

Quand un transporté doit être exécuté, ses camarades, généralement, le savent la veille. Lui, l'ignore. Alors, au cours de la nuit, par suite d'une vieille coutume que les malheureux se transmettent de génération en génération, un chant dont personne du peuple libre n'a encore pu se procurer les paroles, et dont seuls les forçats sauraient répéter l'air et le rythme, s'élève des cases proches de la case tragique.

Cela veut dire : « Tes camarades te préviennent et veillent. C'est pour ce matin. Si tu as quelque chose à faire, fais-le. »

« Voyez, reprit Hespel, on a poussé la méchanceté jusqu'à coller cette pancarte à la porte de ma cellule : « À surveiller étroitement. » Ce qui signifie : homme dangereux.

« Dangereux contre les fonctionnaires et agents indélicats.

« Dangereux contre les menées frauduleuses.

Mais dangereux ! Ah ! Pauvre Hespel !

« Voilà, monsieur, ce que j'avais à vous dire, du haut de mes vieux jours d'où, comme sœur Anne, je ne vois rien venir que de la misère. »

Le porte-clefs repoussa la porte, qui s'appliqua comme une dalle sur un tombeau.

Deux semaines plus tard, dans l'allée des Bambous, à Saint-Laurent-du-Maroni, je rencontrai M. Dupé, directeur par intérim de l'administration pénitentiaire.

« Ah ! Vous savez, me dit-il, votre protégé vient d'être condamné à mort par la cour d'assises de Cayenne.

— Qui ?

— Hespel.

— Alors, il n'y a plus de bourreau ; qui l'exécutera ?

— On trouve toujours.

— Et lui, qu'a-t-il dit ?

— Il a dit qu'il n'avait aucune confiance dans son successeur quel qu'il soit, et qu'il demanderait comme dernière volonté, la faveur de monter la machine. »

5. L'EXPIATION D'ULLMO

« Tenez ! Le voilà ! C'est lui ! »

Il remontait du port par la rue Louis-Blanc, un parapluie pendu à son bras, vêtu d'un méchant habit de coutil noir, et il marchait d'un pas lent, du pas d'un homme qui pense profondément.

Jeannin, Jeannin le photographe, sauta sur son appareil, bondit et saisit l'homme dans son viseur. L'homme ne se retourna même pas. Il était indifférent à toute manifestation humaine.

C'était Ullmo, ex-enseigne de vaisseau de la marine française.

Il avait quitté le Diable (l'île du Diable) depuis cinq semaines. Quinze ans ! Il était resté quinze ans sur le Rocher-Noir, dont huit ans tout seul, tout seul. La guerre lui avait amené des compagnons, d'autres traîtres. Enfin ! On l'avait transporté sur la « grande terre ». Les internés des îles du Salut appellent Cayenne la « grande terre ! ».

Ce n'est pas une faveur qu'on lui fit. C'est le jeu normal de la loi qu'on lui appliqua, très lentement. La loi dit : « Tout condamné à la déportation perpétuelle dans une enceinte fortifiée, pourra, au bout de cinq années de sa peine, être transporté sur un continent… » Mais, au bout de ses cinq années, Ullmo trouva 1914.

Ce n'était pas précisément une date favorable à sa libération. Bref, la guerre lui fit du tort — à d'autres aussi ! Elle lui coûta dix années de plus de châtiment total. On lui laissa continuer jusqu'en 1923 sa longue conversation avec les cocotiers et les requins.

Ullmo, dit-on ici, est un malin. S'il est sur la « grande terre », c'est qu'il s'est fait catholique. Sans le curé de Cayenne, il sécherait encore au « Diable ».

Le père Fabre

Ullmo s'est fait catholique.

Sans le père Fabre, curé de Cayenne, le gouverneur de la Guyane, même après quinze années, n'aurait pas signé le désinternement d'Ullmo. Le père Fabre a répondu d'Ullmo. Il a dit : « Je prends la chose sous ma responsabilité. »

Sans situation, sans un sou, même marqué (la petite monnaie de Cayenne s'appelle sous marqués), il était promis, comme tous les libérés, aux tonneaux de poissons pourris du marché couvert.

Le père Fabre le logea au presbytère.

Il y habite encore. Il y mange aussi.

« Monsieur, me dit le père Fabre, d'abord la conversion d'Ullmo ne regarde personne. »

Le père Fabre m'ayant répondu cela sur un ton cavalier :

« Pour mon compte, mon père, vous savez… lui dis-je…

— Il a payé, il paye encore. Il ne demande que l'oubli. Donnons-le-lui.

— Donnons-le-lui.

— Que n'a-t-on pas raconté sur nous deux ?

« Voici les choses. Asseyez-vous, gardez votre casque à cause de la réverbération. Petite ! Apporte-moi mon casque.

— Voici votre casque, mon bon père, fit une petite fille noire.

— Je reçus un mot, il y a quelques années, du commandant des îles, me demandant un catéchisme et quelques livres religieux pour un condamné qui en exprimait le désir. J'envoie le catéchisme. Six mois passent. Je reçois un autre mot du même commandant pour des livres plus *sérieux*. C'était un mécréant ; il n'existe pas de livre plus sérieux que le catéchisme, mais j'envoyai les évangiles. Quatre mois passent.

M'arrive une lettre sur papier réglementaire. Un transporté réclamait ma visite. C'était très mal signé. Je lus : Ullu. Il était des îles du Salut. On ne va pas aux îles du Salut comme ça ! Enfin, j'y allai. Et je vis Ullmo. Il me dit qu'il se sentait appelé vers l'Église. « Réfléchissez, lui dis-je. Écrivez-moi, je reviendrai dans six mois. »

Ce fut une belle conversion, pure et entière. Quand je retournai au Diable, j'avais le Bon Dieu dans ma soutane.

Je portais à Ullmo la première communion.

« Entre Royale (l'Île Royale) et le rocher… Vous en revenez ? Vous connaissez ce passage ? Ce jour-là, ce fut plus infernal encore. Et les requins ? Ce n'est pas pour ma soutane que je craignais, mais pour le Bon Dieu !

« Ullmo communia dans sa case. La case tremblait sous ce vent furieux. Une lampe faite dans un coco représentait seule la pompe catholique. Sur cette lampe, de Boué, de la bande à Bonnot, avait gravé, à la demande d'Ullmo (peut-être avec son surin), un des plus beaux versets des psaumes : « Si l'Éternel ne bâtit la maison… »

« Maintenant Ullmo est catholique. Qu'on le laisse en paix. Ne comptez pas sur moi pour le voir. D'ailleurs, il est invisible. »

Gagner sa vie

Sitôt arrivé à Cayenne, Ullmo chercha du travail. Au début de sa peine l'argent ne lui manquait pas. Lettres et mandats arrivaient régulièrement. Du jour où il se fit catholique, sa famille rompit.

Elle avait passé sur le crime contre la patrie, mais se dressa devant le crime contre la religion. Elle n'a pas renoué. Il est lamentablement pauvre.

Le père Fabre lui donna une paire de souliers ecclésiastiques. Avec quinze francs qui lui restaient, il acheta cet habit de coutil noir. Quant à son parapluie, c'était celui de la bonne du curé…

Il alla de maison en maison. Il disait : « Prenez-moi, prenez-moi comme domestique. » On lui répondait : « On ne peut pas prendre un ancien officier de marine comme domestique. » Il répondait : « Je ne suis plus le lieutenant Ullmo, je suis un traître. »

Il faillit entrer à la Compagnie Transatlantique. Mais le gouverneur dit non. Avec les bateaux, il pourrait s'évader. « Je n'ai plus de parole d'honneur, mais j'ai ma foi, dit-il. Sur ma foi je jure que je ne m'évaderai jamais. » Mais ce fut non. On le voit rôder dans les bureaux du gouvernement.

Au gouvernement, on emploie des assassins, des voleurs, comme « garçons de famille ». Mais, lui, on le chassa. « Courage ! lui disait le Père ! Courage ! » Le jour d'une grande fête religieuse à Cayenne, je le vis qui suivait de loin une belle procession : il avait les yeux sur le Saint-Sacrement que portait son bienfaiteur et chantait avec les petites filles noires :

Que ta gloire, ô Seigneur !
Illumine le monde
S'il te faut notre cœur…

Mais il n'avait pas encore trouvé de place. Il frappa aux comptoirs Chiris, il frappa aux comptoirs Hesse. Enfin, il trouva la maison Quintry, exportation-importation.

« Eh bien ! Entrez, dit M. Quintry, je vous prends à l'essai. »

On m'avait bien dit que la maison Quintry était rue François-Arago, mais je n'arrivais pas à la dénicher ; la persévérance m'y conduisit.

« Oui, fit M. Auguste Quintry, c'est bien chez moi qu'est Ullmo.

« On ne comprendra peut-être pas, me dit M. Auguste Quintry, que j'aie tendu sinon la main, du moins la perche, à Ullmo. En France, vous voyez la faute, en Guyane, nous voyons l'expiation. »

M. Auguste Quintry se remit à écrire. Après un instant :

« Hier, en sortant du comptoir, à onze heures, j'emmenai Ullmo chez moi pour lui donner des échantillons. Je le fis asseoir dans mon salon et partis chercher mes deux boîtes. J'ai une petite fille de dix ans. Voyant un monsieur dans le salon, elle se dit : « C'est un ami de papa. » Elle va vers Ullmo : « Bonjour, monsieur », et lui tend la main.

« J'entends ma petite fille qui crie : « Papa ! Le monsieur pleure. »

« J'arrive, les larmes coulaient le long des joues d'Ullmo.

— Eh bien ? » lui dis-je.

Je compris.

« Pardonnez, fit-il, voilà quinze ans qu'on ne m'avait tendu la main. »

L'entrevue

Ullmo apparut. Sans regarder dans la boutique, il alla s'asseoir à sa place de travail, une table près de la fenêtre.

Il n'est pas grand. Son teint était jaune. Sa figure, un pinceau de barbe au menton, avait quelque chose d'asiatique. Son habit de coutil noir était déjà tout déformé.

« Je vais l'appeler, fit M. Quintry.

— Pas ici, devant les autres.

— Alors, passons derrière. »

Nous allâmes derrière.

« Dans cette réserve vous serez bien. »

De grosses fèves aromatiques séchaient par terre. Elles iront à Paris par le prochain courrier. C'est le secret des parfumeurs. Elles finiront dans de jolis flacons aux noms poétiques à l'usage des belles dames. Peut-être même que la belle Lison en achètera un!

« Ullmo ! Voulez-vous venir un moment ? »

Il vint aussitôt.

« Je vous laisse, dit M. Ouintry.

— Voici qui je suis, lui dis-je. Je viens vous voir pour rien, pour causer. Vous pouvez peut-être avoir quelque chose à dire ?

— Oh non ! je ne demande que le silence.

— Et sur vos quinze années au Diable ?

— Il y a deux points de vue : celui du condamné et celui de la société. Je comprenais fort bien celui de la société ; je souffrais également fort bien du point de vue du condamné. Voyez-vous, ce ne sont pas les hommes, mais les textes qui sont le plus redoutables. Et plus ils viennent de haut et de loin, plus ils s'éloignent de l'humanité. J'ai expié. J'ai voulu expier. Je me suis fait un point d'honneur de ne pas mériter en quinze ans une seule punition. C'était difficile. Un réflexe qui, dans la vie libre, ne serait qu'un geste, ici devient une faute. J'ai trahi. J'ai voulu payer proprement. Vous avez été au Diable, déjà ?

— Oui.

— Ah ! Cela ne fait pas mal en photographie, n'est-ce pas ? Quand je suis arrivé sur le Loire, en 1908, moi aussi j'ai dit : c'est coquet.

— Vous êtes resté huit ans tout seul ?

— Oui, tout seul.

— Mais il n'y avait personne ?

Avec un sourire amer :

— Si. Des cocotiers. Une fois le gouverneur est venu. Il demanda à mon surveillant : « Combien de temps restez-vous au Diable ? » — « Six mois ». — « Six mois ! C'est effrayant ! Comment pouvez-vous tenir ? »

« J'y étais depuis douze ans. Un grand sarcasme silencieux me traversa l'âme. Mais j'étais un traître. J'expiais. Toujours les deux points de vue.

— Vous logiez dans la case en haut ?

— Pas tout de suite. Elle n'était pas bâtie. Je suis resté un an dans l'ancienne case à Dreyfus, face à la mer.

— Le tintamarre infernal des lames ne vous a pas rendu sourd ?

— Non. Mais je connais tous les requins. Je leur avais donné des noms et je crois bien qu'ils arrivaient sans se tromper, quand je les appelais, les jours où j'avais trop besoin de voir quelqu'un… »

On m'avait dit : « Ullmo est vidé. Le châtiment fut le plus fort. Vous ne trouverez qu'une loque. »

C'était faux. Son intelligence est encore au point.

« A-t-on parlé de mon changement de situation en France ?

— Oui.

— Ah ! fit-il, agacé. Je n'ai jamais compris quel ragoût avait mon histoire pour le public. Ce n'était qu'une pauvre histoire. Oh ! si pauvre !

— Et maintenant, attendez-vous mieux ?

— Que voulez-vous que j'attende ? Je ne suis pas un sympathique, pour que l'on s'occupe de moi.

— Et votre famille ?

— Ce que je puis faire de mieux pour ma famille est de me faire oublier d'elle. Avoir un parent au bagne ce n'est pas gai. Ma famille, elle, n'a rien fait.

— Vous vous êtes converti ?

— Oui, j'ai reçu le baptême, il y a cinq ans.

— Je considère, reprit-il, qu'au point de vue humain, je suis sorti de la grande misère. J'espère pouvoir gagner deux francs cinquante par jour. Cela me suffira. À ma première paye, j'achèterai une chemise. »

Je vis qu'il n'avait pas de chemise, ni de chaussettes.

« Quant à la vie intérieure, j'ai ce qu'il me faut.

— Vous ne pensez pas à la possibilité, un jour, de revenir en France ?

— En France, la vie serait impossible. Qui oserait me faire gagner deux francs cinquante par jour ? Je pense me refaire une existence ici.

— Vous marier, peut-être ?

— Joli cadeau à faire à une femme !

— Vous avez des projets ?

— Attendre la mort, proprement. »

Il n'eut pas un mot de plainte, pas un mot d'espoir. Il me dit :

« Vous avez vu la procession avant-hier ? Vous feriez plaisir au Père Fabre si vous en parliez pour montrer la grande foi qui demeure ici. »

Il me dit aussi :

« Oui, je suis un traître, mais… Ce n'est pas une excuse que je cherche, c'est une vérité que je vais dire : on a été traître, comme on a été ivre. Je suis dégrisé, croyez-moi.

— Ullmo ! »

Son patron l'appelait.

Je lui tendis la main. L'émotion bouleversa ses yeux.

Je sortis par la cour, rapidement.

6. MONSIEUR DUEZ . . . ET MADAME

On dit : Monsieur Duez.

Ses anciens collègues, les forçats, disent : Monsieur Duez.

Quand il vient à Cayenne, pour ses affaires, le peuple libre qui le rencontre lui dit : « Bonjour, monsieur Duez ! »

Il a fini sa peine. Ses douze ans sont achevés. Mais comme il « écopa » plus de sept années, il est astreint à la résidence perpétuelle.

Il vient à Cayenne parce qu'il n'habite pas Cayenne. Il est concessionnaire d'une île à deux heures de là. Duez fut liquidateur, puis bagnard ; maintenant, il est éleveur. Son domaine, romantique au milieu de ces flots hargneux, porte le nom d'Îlet-la-Mère. À côté, est l'Îlet-le-Père. Plus loin, le rocher sinistre avec son feu rouge : l'Enfant perdu !

Duez ? Un forçat « à la noix de coco » ! Telle est l'opinion de ses pairs, qui ajoutent : « En douze ans, il n'a pas planté une rame ! »

L'île Royale était son séjour. Il n'a jamais connu la case. Il habitait seul, dans un carbet, sur la belle route brique qui monte au plateau. Gardien de la poudrière ! C'était son titre : c'est-à-dire, rentier.

Puis, il fut libéré.

Un jour, on vit débarquer du *Biskra* à Cayenne (un seul bateau vient à Cayenne : le *Biskra*, car pour parler comme les gens du cru, la Guyane n'est pas un pays, c'est le cul-de-sac du monde. Encore est-ce moi qui, pour être poli, ajoute : de sac), on vit débarquer une dame très bien. Pendant la traversée, le bord se demanda quelle pouvait être cette dame très bien qui allait à Cayenne. C'était Mme Péronnet.

C'était Mme Péronnet, épouse divorcée de M. Duez, venant, après douze ans, rejoindre son ex-mari.

Alors, une légende courut la côte du châtiment.

« Ce n'est pas clair, dit-on. Ces choses-là n'arrivent jamais. Les femmes les plus amoureuses écrivent pendant un an, deux ans, trois ans, c'est le maximum. L'une tint cinq années, mais c'était une excentrique ! Qu'est-ce que Mme Péronnet vient faire dans cette galère ? »

Quand on apprit que pendant la guerre, Mme Péronnet avait fréquenté le « deuxième bureau », chacun se frappa le front : « J'y suis ! Elle est envoyée par la Sûreté. On a peur que Duez fasse des galipettes. Il pourrait écrire ses mémoires, les vendre à l'étranger ! S'évader ! On lui envoie la chaîne, la douce chaîne ! »

Mme Péronnet débarquait avec deux cent cinquante mille francs.

Duez avait obtenu la concession, madame la mettrait en valeur.

Et secouant leurs semelles sur les cailloux de Cayenne, ils partirent tous les deux, dans une petite barque, un matin, pour l'île en pain de sucre, leur royaume de noces d'argent.

Dans l'ile en pain de sucre

Le soleil se levait, ce jour-là. Et la mer aussi ! Nous étions sur le quai, le directeur des douanes, M. Gontier et votre reporter. Le canot automobile ne voulait rien savoir. Il aurait dû pétarader, il ruait. Le directeur des douanes m'accompagnait à l'Îlet-la-Mère pour régler une affaire avec Duez. Ses services lui avaient signalé que, la veille, une tapouille brésilienne s'était arrêtée deux heures à l'îlet. L'îlet n'est pas un port, aucun bateau, si tapouille soit-il, ne doit y relâcher. Duez le premier savait cela. « Il doit faire de la contrebande, ce coco-là ! » disait le directeur.

Le tout était de démarrer. Une fois au large, on mettrait la voile et le vent travaillerait.

« Regardez mon mécanicien ; il est gentil, ce petit gars. Il a tué un gendarme dans une grève, à Monceau, cet écervelé-là ! Et savez-vous ce que fait son père ? Son père est capitaine de gendarmerie !

« Comment veux-tu, lui dit son aide, porteur de la camisole comme lui, comment veux-tu que ton père nourrisse ta mère si tu lui supprimes ses instruments de travail !

« Ça peut aller », fit « l'écervelé ».

On embarqua.

Cela n'alla pas du tout. Pendant deux heures, nous vîmes plutôt la mer par-dessus qu'au-dessous de nous.

On m'aurait affirmé que je n'étais plus un homme, mais l'âme d'une mèche de vilebrequin en action, que je n'aurais pas rectifié. Dire que les originaux qui, dans les foires, paient cinquante centimes pour monter dans un panier à salade, appellent cela : aller à la fête !

Le gréviste excessif avait de la poigne. Il vainquit les flots. Et tout en naviguant de travers nous arrivâmes droit à l'Îlet-la-Mère.

L'émoi était dans la place. Nous vîmes cela en approchant. D'abord un homme sortit de la maison, il regarda ; puis ce fut une dame, puis un autre homme. Puis la dame courut. Elle partait passer une plus belle robe.

On abordait avec précaution. Cela prit cinq minutes. Puis les trois insulaires s'avancèrent curieusement, comme si nous étions des sirènes folâtrant de brisants en brisants. Nous sautâmes sur le sol. Ils n'eurent pas peur.

« Voilà Duez, dit M. Gontier

— Qui ? Le petit en pyjama ?

— Oui.

— Il n'a donc plus de ventre ?

— Bonjour, monsieur Duez, fit le directeur des douanes.

— Bonjour, monsieur le directeur.

— Je vous présente monsieur, qui est journaliste.

— Ah ! Ah !

Duez continua les présentations, un peu éberlué :

« Mme Péronnet !

— Mes hommages, madame, mes…

— Le lieutenant Péronnet (pas parent). »

C'était un grand diable qui portait la Légion d'honneur.

Madame intervient

« Monsieur le directeur, dit Mme Péronnet, qui prit de suite figure de commandant militaire de l'île, je sais ce qui nous vaut l'honneur de votre visite. C'est pour la tapouille d'hier.

— Oui, madame, le gouverneur n'est pas content. Les tapouilles…

— Les tapouilles ! Les tapouilles ! En voilà une histoire pour une tapouille ! Vous n'allez pas vous imaginer qu'après avoir dépensé deux cent vingt cinq mille francs de mon argent là-dedans, je vais compromettre ma situation pour vendre trois cochons au Brésil ! J'irai le voir, le gouverneur, moi !

— Mais elles n'ont pas le droit…

— Que voulez-vous que j'y fasse ? Elles s'arrêtent ici pour prendre de l'eau. Est-ce que je peux refuser de l'eau à des gens qui ont soif ? Me voyez-vous, sur la rive, criant à des navigateurs : « Non ! Vous ne boirez pas ! Allez-vous-en ! Le gouverneur ne veut pas que vous buviez ! La France non plus ! Sur ce coin perdu du monde nous sommes la France ! »

Un beau drapeau tricolore claquait à la porte de l'île.

« Et l'autre nuit ? Cela vous ne l'avez pas su. Sur ce rocher-là que vous voyez… car vous connaissez le pays. Il n'y a que rochers dans votre pays, même dans la mer…

Et moi qui habitais Paris ! L'autre nuit une goélette s'est fracassée dessus. Nous avons été réveillés par des cris d'épouvante. Alors j'aurais dû hurler à ces malheureux : « Noyez-vous ! N'abordez pas ! Ordre du directeur des douanes ! » Eh bien, nous sommes allés les chercher. C'est une décoration qu'on devrait nous donner. Ils sont restés tout un jour ici. C'étaient des Brésiliens aussi. Ils ont retapé leur barque. Et je ne leur ai pas vendu de cochons ! »

Se tournant vers moi :

« Je savais que vous étiez ici. Je sais tout. Si vous n'étiez venu, j'aurais été vous trouver. Il ne faut pas qu'on nous fasse de la misère. »

Et au directeur des douanes :

« D'ailleurs, vous allez les compter, mes cochons, et un par un. Edmond ! cria-t-elle à Duez, rassemble les cochons.

Duez avec qui j'allais rassembler les cochons, fit incidemment :

— C'est ma femme, me dit incidemment Duez, avec qui je partis rassembler les cochons, qui dirige tout ici. ! »

Nous marchions vers la porcherie.

« Eh bien ! Voilà, me dit-il, on se fait à tout. Et si je vous disais que parfois j'ai la nostalgie de mon petit carbet de l'île Royale !

— Edmond ! Où es-tu ?

— Je comprends cela, » fis-je.

Et s'arrêtant, sans répondre à sa femme :

« Je n'ai jamais pu m'expliquer ma condamnation. Tous, juges d'instruction, avocats, me disaient : « Laissez-nous faire. » Quand les membres du jury entrèrent en délibération, ils firent appeler le président. Il vint avec l'avocat général. Le président du jury dit : « Monsieur le président, tous les coupables ne sont pas là (il avait raison), l'instruction n'est donc pas complète. Nous ne pouvons pas juger. » — Vous devez juger, sinon je condamne les membres du jury aux frais du procès, répondit le président, ce qui était très juste.

Puis il s'en alla. Le président se tourna alors vers l'avocat général et dit : « C'est l'acquittement pour tout le monde ! » Mon avocat, Maurice Bernard, me crie : « C'est l'acquittement ! Je téléphone pour retenir une auto. » Le jury avait à se débattre entre deux mille questions. On me colle douze ans. Que s'est-il passé ? Mystère !

Je ne suis pas innocent. J'ai commis un abus de confiance, mais…

— Mais ?...

— Mais gouvernemental.

— Edmond ? Où est-tu ?

— On fait courir des bruits maintenant. On prétend que je publierai des mémoires. Non ! J'ai juré de ne jamais parler. J'ai l'habitude de tenir ma parole. Je l'ai prouvé en cour d'assises. Ah !

Si j'avais été méchant ! Mais du moment qu'on a promis ! Je ne demanderais qu'une faveur, c'est d'être quatrième-deuxième (libre de circuler dans le monde). Je pourrais aller au Brésil pour mes cochons. »

Le second groupe arriva :

« Comptez mes porcs, monsieur le directeur. Et cette truie va en faire sept dans huit jours. Je vois ça à vue d'œil.

— Mais avec quoi nourrissez-vous vos cochons, madame, demandai-je, ne voyant que la grande brousse à l'horizon.

— Avec de la viande de requin !

— Et qui pêche les requins ?

— Moi ! Pardi ! Et Martin aussi, le pileur de têtes de poissons. Martin, viens montrer ta binette à ces messieurs. Vous allez voir une binette de vieux pileur de têtes de poissons ! »

Un forçat centenaire, barbu, poilu et chevelu fit son apparition (dix forçats sont assignés chez Duez comme domestiques).

« Si l'on m'avait dit que je commencerais à blanchir au milieu de dix forçats (avec son mari, cela faisait onze) ! Eh bien ! il n'est pas plus commode à mener. Je n'échangerais pas mes dix forçats pour une bonne de Paris. »

Nous aperçûmes quelques bœufs sur les pentes.

« C'est à vous, cela, aussi, madame ?

— Évidemment, ce n'est pas au gouverneur. J'en ai dix à vendre. Les achetez-vous ?

— Nous en avons plus que cela, dit Duez.

— Non ! Ce qui est vache, je le garde pour la reproduction.

— Isabelle ! As-tu pensé que ces messieurs, après cette mer, pourraient avoir faim ?

— Occupe-toi de ton jardin. Vous allez manger une omelette, messieurs, comme n'en saurait plus faire la mère Poulard. »

Un perroquet s'abattit sur son épaule. Elle embrassa le jacquot.

« Mais je ne vous ai pas dit mon but, reprit-elle. Je veux approvisionner Cayenne. À Cayenne, on manque de tout. Quelle capitale ! Je lui enverrai des cochons, des bœufs, des canards, des poules, des pigeons, du charbon de bois, du poisson, des moutons.

— Tu sais bien que l'on ne peut pas faire de moutons dans ce pays.

— Je lui enverrai des moutons ! dit-elle, appuyant sur chaque syllabe. Maintenant, messieurs, faites-moi l'honneur de vous mettre à table. »

Une pimpante maison coloniale (œuvre de Mme Péronnet) nous ouvrit ses portes.

On se mit à table.

« Nous sommes devenus un peu campagnards, dit-elle, comme pour excuser le décor.

On mangea comme des tigres.

— Le pauvre ! fit-elle, portant les yeux sur son mari. Depuis quinze ans ! Mais buvez, messieurs ! »

Et l'on but comme toute la Pologne monarchiste et républicaine.

7. LA ROUTE COLONIALE N° ZÉRO

Elle s'appelle, en réalité, route coloniale *Numéro Un.*

Comme elle n'existe pas nous la baptisons *Numéro Zéro.*

C'est elle qui faisait dire, dans les vieux temps, aux apaches jouant leur va-tout : « Et si l'on est refait, on ira casser des cailloux sur la route ! »

Aujourd'hui, quand arrive à la visite un forçat bien réussi, pieds en lambeaux, la fièvre aux yeux et la mort riant entre les lèvres, le docteur lui dit :

« Tu viens de la route, toi ?

— Oui, M'sieur l'major ! »

En tête des lits, à l'hôpital, vous lisez comme noms de maladies : « Revient de la route. »

Quelle magnifique route ! Elle doit traverser toutes les Guyanes. On n'a pas ménagé les cadavres. On y travaille depuis plus de cinquante ans… Elle a vingt-quatre kilomètres !

Ce matin, je repris le canot automobile. Pour aller sur la route de Cayenne, il faut d'abord monter en bateau, à Cayenne. C'est comme ça ! Cayenne n'est pas la grande terre, comme le disent, gonflés d'espoir, ceux des roches du Salut. C'est une île aussi.

Traversons donc la rivière, et voici la pointe Marcouria ; et, cette fois, c'est bien elle, la grande terre d'Amérique du Sud, celle où, depuis un demi-siècle, arrivèrent soixante mille Blancs aux reins solides et qui n'avaient rien à perdre, soixante mille Blancs qui feraient voir au monde comment nous savions faire les routes… Ah ! Mais !

Monsieur le gouverneur Canteau n'a beau gouverner que par intérim, il eût visiblement préféré, ce matin, avoir à me montrer un merle blanc ou même un pivert à trois pattes. Il aurait toujours pu dire : « Attendez, on les cherche ! » Il vient d'arriver, ce n'est pas sa faute.

Il ne dit pas non plus que ce soit la faute d'aucun : mais son embarras est malgré tout sans borne : il me mène voir une route et, d'avance, il sait qu'elle n'existe pas !

Le surveillant de la pointe — il n'y a pas de route, mais pour une pointe il y a une pointe — n'était pas là. Il avait envoyé sa femme à notre rencontre. Sa femme était bien pâle et en peignoir. Elle dit : « Mon mari regrette, mais la fièvre le mange, il est dans son lit et il agite toutes ses couvertures. » On l'assura que cela ne faisait rien. Et pour donner un conseil à cette compatriote égarée sur cette pointe, on ajouta : — Faites-lui prendre de la quinine !

Un bagnard s'était installé là, commerçant. Je crus d'abord qu'il vendait des mouches. Il n'en était rien. Soigneux, il avait simplement recouvert sa marchandise avec des mouches, pour la préserver de la poussière. De sorte que nous n'avons pu savoir ce qu'il vendait.

C'était la pointe Marcouria.

Nous prîmes un camion automobile.

La route faisait un trou dans la brousse. Elle manquait à la forêt comme une dent manque à une mâchoire. On pouvait tout de même passer, en visant bien.

« Voyez le travail ! » dit le gouverneur.

En Guyane, il pleut sept mois de rang, les cinq autres mois, il convient de sortir avec son parapluie. Lorsque, quittant la route, vous tâtez l'herbe du pied, vous trouvez le marécage. Les forêts sont des *pri-pri*, terres noyées. Quand, de temps en temps vous apercevez une savane, n'y courez pas, c'est une savane tremblante. Au bout de cinq kilomètres, le forçat qui était au volant céda sa place à un camarade. Il en avait déjà plein les bras.

Et il s'exprima ainsi :

« C'est comme si, monsieur le gouverneur, on roulerait sur des œufs qui faudrait pas casser ! »

Le surveillant fou !

Voici l'emplacement de l'ancien camp. Ce camp vient d'être transporté au kilomètre 24. Ici reste une case. Cette case est le théâtre d'un drame, un drame à un personnage.

Dans le camion, le chef des travaux en avait avisé le gouverneur. Le surveillant du kilomètre 10, qui, chaque matin, reçoit les vivres et doit les répartir aux cent hommes du camp, est fou.

« Vous allez voir. »

Nous descendîmes.

Un homme jeune, maigre, brun, l'œil narquois, un long couteau rouillé à la main, une scie à viande à côté de lui, derrière son établi, tout en se dandinant, nous regardait venir.

« Monsieur le gouverneur, dit le chef des travaux, je dois vous informer que tout le monde se plaint de ce surveillant, les chefs et les transportés. Personne ne touche plus son poids de bœuf. Au camp, il n'arrive guère que des os. Cet homme désosse et racle tout. Et voyez ce qu'il fait de la viande. »

Au-dessus de lui des cordes étaient tendues comme pour sécher du linge, mais c'étaient des lambeaux de viande qui pendaient, verts et noirs.

« Allons ! Qu'est-ce que c'est que ça ? répéta le gouverneur.

— C'est mes rations !

— Non ! Monsieur le gouverneur, ce ne sont pas ses rations, c'est ce qui devait être autour des os, qu'il envoie au camp. »

Toute cette charogne, dont les morceaux dataient de huit jours, ne puait pas. On en fit la remarque.

« Ça ne pue pas parce que je les camphre, dit l'homme.

— Il les camphre ?

— Oui, monsieur le gouverneur, il roule la viande, dans du camphre.

— Allons ! Qu'est-ce que c'est que ça ? répéta le gouverneur.

— C'est mes rations !

— Qu'en faites-vous ?

— Je vais vous le dire, monsieur le gouverneur, tous les dix jours, il en fait une caisse qu'il expédie à sa maîtresse, à Cayenne. »

L'homme rageusement, planta son couteau rouillé dans une cuisse de bœuf, puis il sortit son revolver. Il poussa la porte de son gourbi solitaire, décrocha un second revolver et se coucha sur les planches, une arme à sa droite, une arme à sa gauche.

Il était saoul aussi.

Les bagnards de la route connaissent bien le kilomètre 10. Quand ils arrivent à sa hauteur, ils font un crochet par la brousse. Le bruit des pas surexcite l'homme au camphre. Parfois, sans se lever, il tire sur le passant, à travers la porte.

C'est un gazé de la guerre.

Le bagne, le vrai !

La Guyane est un pays inhabité. Son territoire est grand comme le tiers de la France, mais la Guyane n'a que vingt-cinq mille habitants — quand on compte avec amitié ! Le Guyanais qui va se promener prend son fusil comme nous notre parapluie. C'est l'habitude. En dehors de ceux qui font de la politique, ce qui nourrit, les autres sont des coureurs des bois, des balatistes (hommes qui saignent le balata), des chercheurs d'or. C'est vous dire qu'il y a peu de villages.

Voici pourtant Marcouria.

On nous fait entrer dans une charmante cage à lapins : la mairie. En notre honneur, le curé et le maire se sont réconciliés.

Le curé, qui avait une belle barbe rousse, avait subtilisé une pénitente au maire, une petite *Doudou*, et la bataille s'en était suivie. Nous buvons du champagne. Le secrétaire de mairie était là, aussi. Fut-ce l'émotion ? Était-ce la coutume du pays ? Sitôt qu'il eut bu, comme un bébé joufflu qui se dégonfle, il souffla tout le liquide par la figure du gouverneur. Le gouverneur dit : « Ça ne fait rien ! »

Repartons.

Toujours des *pri-pri*, toujours des savanes tremblantes. Nous arrivons au kilomètre 24. C'est le bout du monde.

Et pour la première fois, je vois le bagne !

Ils sont là cent hommes, tous la maladie dans le ventre. Ceux qui sont debout, ceux qui sont couchés, ceux qui gémissent de douleur.

La brousse est devant eux, semblable à un mur. Mais ce n'est pas eux qui abattront le mur, c'est le mur qui les aura.

Ce n'est pas un camp de travailleurs, c'est une cuvette bien cachée dans les forêts de Guyane, où l'on jette des hommes qui n'en remonteront plus.

Vingt-quatre kilomètres dans ces conditions-là, mais c'est magnifique en soixante ans ! Dans quatre siècles, nous aurons probablement réuni Cayenne à Saint-Laurent-du-Maroni, et ce sera plus magnifique encore !...

Pourtant, la question serait de savoir si l'on veut faire une route ou si l'on veut faire crever des individus. Si c'est pour faire crever des individus, ne changez rien ! Tout va bien ! Si c'est pour faire une route...

D'abord, ils ne mangent pas à leur faim. Aucun forçat ne mange à sa faim ; mais les autres ne font rien. Ceux-là n'ont plus la force de lever la pioche.

Ensuite, ils sont pieds nus. La « Tentiaire » dit : « Quand ils avaient des souliers, ils les vendaient ! » Possible. On pourrait peut-être inventer des souliers faciles à reconnaître aux pieds du peuple libre qui les achète ? Ils sont pieds nus, c'est-à-dire sur le flanc, leurs pieds ne les portant plus : chiques, araignées des criques, pian-bois (plaies ulcéreuses).

C'est affreux à voir...

« Et à traîner, donc ! » fait une voix.

On met, pour ouvrir la route, des misérables qui ne peuvent plus marcher !

En plus de cela, un mal les mine. Ce mal s'appelle *ankilostomiase*. Ce sont des vers infiniment petits, qui désagrègent l'intestin. Tous les bagnards en sont atteints. C'est ce qui leur vaut ce teint de chandelle, ce ventre concave, et qui fait que plus l'heure approche où leurs yeux se fermeront, plus leurs yeux s'agrandissent !

Pour eux, la quinine étant considérée comme un bonbon on ne leur en donne que lorsqu'ils sont sages ; alors la fièvre accourt tambour battant dans ce champ de bataille.

Les travaux forcés ? Oui.

La maladie forcée ? Non.

J'entre dans une case. Sur cent travailleurs, quarante-huit aujourd'hui sont abattus. Sous des moustiquaires noires de crasse, mais trop petites, leurs bras dépassent, leurs pieds dépassent et la plus infernale invention de Dieu, le moustique, mène là sa danse.

Les forçats ne me voient pas passer, même ceux qui regardent. La fièvre les a emportés dans son cercle enchanté. Ils gémissent et l'on ne sait si leurs gémissements sont un chant ou une plainte. Ils tremblotent sur leur planche comme ces petits lapins mécaniques quand on presse la poire.

Ce sont les terrassiers !

Quand on veut faire une route, on s'y prend autrement.

Deuxième Partie

Aux îles du salut.

8. L'ARRIVÉE AUX ÎLES

À cinq heures de l'après-midi, l'*Oyapok* siffla.

De tous les bateaux qui labourent les vastes mers, l'*Oyapok* est le plus nauséabond.

Huit jours après l'avoir quitté, son souvenir vous poursuit encore.

Cependant, je courus pour ne pas le manquer.

Il allait m'emmener aux îles du Salut.

Quand un forçat joue le tout pour le tout, il s'écrie : « Ou les Bambous ou les îles !... » Les Bambous, c'est le cimetière ; les îles, c'est la réclusion. Ils les appellent aussi : la guillotine sèche.

Les îles sont trois rochers groupés en pleine mer : l'île Saint-Joseph, l'île Royale, l'île du Diable. C'est une terre réprouvée. Nul bateau n'a le droit d'en approcher, nul voyageur d'y poser le pied. On passe au large.

Ce soir, l'*Oyapok* s'arrêtera un moment entre Royale et Saint-Joseph, pour m'y laisser tomber.

Un canot sera là vers dix heures et me recueillera.

L'*Oyapok* emportait une clientèle ébouriffante pour Mana et Saint-Laurent-du-Maroni : Chinois, Indiens, coolies, noirs, d'autres moins foncés, des presque blancs. Tous traînaient une batterie de cuisine.

On aurait dit un comice de ferblantiers ambulants. Ils vociféraient. Les casseroles sonnaient, cela grouillait si fort que l'on ne savait plus au bout d'un moment, si c'étaient les hommes qui avaient une voix de ferraille ou les casseroles qui parlaient nègre !

Ils enlevèrent le pont d'assaut. Entraîné par la vague extra-humaine, je pus néanmoins m'arcbouter contre un Chinois, ce qui me permit de défendre mes cinquante centimètres carrés de territoire. Dès que le bateau leva l'ancre, les descendants de Cham, de Sem et de Japhet s'étendirent. Les pieds mordorés d'une Indienne s'allongeaient sur mes tibias, la pointe de l'omoplate du Chinois me perçait le dos et deux petites moricaudes crépues dormaient déjà dans mes bras. Toute cette humanité fut horriblement malade ; mais comme dirait Lamennais, tirons le rideau sur cette scène épouvantable.

L'ile royale

Onze heures du soir. Le ciel est noir, la mer est noire, l'horizon est noir. Je suis arrivé. L'*Oyapok* stoppe.

L'obscurité est trop opaque. Je ne vois pas de canot, mais une voix rouillée demande : « Où est le passager ? » Je descends. Le canot est déjà collé à notre flanc. Un surveillant et six rameurs m'attendent.

« C'est vous ? interroge un galérien. Alors, faites barre fixe sur mon bras, n'ayez pas peur, c'est du fer.

— Paré ? demande le surveillant.

— Oui, chef !

— Pousse ! »

Ils rament vers l'île Royale.

Une voix interrompt soudain le silence :

« *Le Petit Parisien* a publié ma figure dans le temps… »

Au bagne, c'est comme au désert, tout se sait. Mon voyage est connu.

« Bébert ! Rame ferme. On va parler de nous à Paname ! »

De nouveau, le silence :

« La corvée vous salue bien, au nom de tous, à l'arrivée. »

Ils n'ont pas le droit de causer, mais c'est la nuit, et ce sont des canotiers, forçats de choix.

« Barre à droite ! »

Voici Royale. J'entends une voix qui vient de terre :

« Eh !… le journaleux !… si t'as pas de lunettes roses, t'en verras de noires ! »

Qui m'interpelle ? Face au débarcadère est le poste. Ce serait une maison pareille à d'autres, mais, au lieu de portes et de fenêtres, on voit des barres de fer. C'est une maison-cage.

Le commandant des îles est là qui m'attend.

« Le commandant, le journaleux, c'est tout de la pourriture.

— Quel est cet ami ?

— Un détraqué. J'ai usé de tous les moyens : indulgence, pardon, douceur. Hier, il réclame le médecin, je le lui envoie, il lui crache au visage. Je l'envoie au tribunal de Saint-Laurent par votre bateau. »

Salomon, porte-clés, noir de la Nouvelle-Orléans, ressemble, tant il est grand et fort, à ces nègres en fer des fêtes foraines qui offrent leur ventre aux poings des amateurs, histoire de leur permettre de mesurer la puissance de leurs coups. Salomon ouvre la cage et prend le révolté dans ses bras. Le forçat gigote. Salomon le mate et le pose dans la barque.

La barque file vers l'*Oyapok*.

Dans la nuit, nous entendons une dernière fois, venant de la mer :

« Tous de la pourriture !… »

Une rencontre

Nous montons par la route du plateau. Ce coin est enchanteur.

« Vous êtes sûr que c'est le bagne, commandant ? On dirait Monte-Carlo sans les lumières…

— C'est grand comme la main et j'ai six cents hommes pour peigner ce jardin. Il peut être coquet. »

Un bagnard descendait. On ne se promène pas la nuit, aux îles. Dès six heures du soir, tous sont souqués. Mais ce bagnard était en service. C'était le guetteur du sémaphore.

« Tenez ! Voilà notre première rencontre, vous me direz tout à l'heure si vous en feriez de semblables à Monte-Carlo. Savez-vous ce qu'a fait cet homme ? C'est un blanc de la Martinique, un noble. Voici son nom, mais ne le répétez pas, son fils est officier dans l'armée française.

« Patron d'une goélette sur la côte de Guyane, il faisait le va-et-vient entre la Prouague, Cayenne et Saint-Laurent-du-Maroni. Officiellement, il transportait du bois de rose et du tafia. Ce n'était pas un voyou de ports, mais un armateur au petit pied. Les meilleures familles de la colonie le recevaient. Et, si je n'avais pas la mémoire courte, je pourrais ajouter qu'il venait aussi chez moi.

Un soir, on vit arriver au camp de Cayenne un forçat horriblement blessé et qui criait comme un fou : « On nous tue tous ! C'est le massacre ! »

« L'homme était porté comme évadé depuis cinq jours. Et voici ce qu'il dit :

— C'est le patron de la goélette bleue. Il s'entend avec nous pour nous faire évader. Il demande de cinquante à cent francs. Quand on est d'accord, cinq ou six, on prend date avec lui. Il doit nous conduire au Brésil. Et voilà pourquoi tous les camarades qui, depuis deux ans, sont partis avec lui, n'ont plus donné de nouvelles, voilà pourquoi !

— Eh bien ! pourquoi ? demande le chef.

— Il nous prend dans sa goélette, tout près de Cayenne, à la crique de la première brousse.

Une heure après, passant devant la seconde crique, il nous dit de descendre sous prétexte de faire de l'eau. Lui reste dans le bateau, épaule son fusil et il nous abat. Ensuite, il vient, il nous ouvre le ventre et vole le *plan.* » (Tous les évadés ont de l'argent ; le *plan* est ce tube porte-monnaie qu'ils font remonter dans l'intestin).

« Et toi ? demanda-t-on au blessé.

— J'ai pu échapper, je n'avais que l'épaule traversée. Mais il m'a poursuivi. Il m'a cherché deux heures dans la brousse. J'étais caché sur un arbre. Je suis revenu pour tout vous dire. On nous tue tous !

— C'était vrai, fit le commandant. La cour d'assises de Cayenne ne l'a pas condamné à mort, elle a sans doute pensé qu'une fois au bagne, les forçats s'en chargeraient. Mais qui connaîtra jamais les réactions du bagne ? »

Nous arrivions devant un logement.

« Voici votre maison, au revoir ; à demain ! »

« Mon » forçat

Je poussai la porte de la grille. La porte grinça.

Petit, crâne énorme, un forçat, pieds nus se précipita sur moi et, avec un accent qui n'était pas de chez nous : « Bienvenue, monsieur ! fit-il, bienvenue ! »

C'était l'Espagnol Gonzalez, ex-garçon au café de Bordeaux, condamné pour intelligence avec l'ennemi.

« Vous venez, monsieur, continua Gonzalez, moitié en catalan, moitié en bordelais, comme le Jésus qui descendit sur la terre pour sauver les malheureux. Il y a des coupables, je ne parle pas pour eux, mais moi — et il eut deux larmes dans les yeux — je suis innocent. »

Ce n'est pas la rengaine du bagne. On ne vous dit pas souvent : « Je suis innocent ! » mais plutôt : « Moi, je suis une crapule ! »

« Mais, monsieur, continua Gonzalez, sans transition, venez prendre une douche. »

Il m'apporta deux citrons en précisant :

« Pour les poux d'agouti. »

C'est une des plaies des îles. L'agouti est une espèce de lièvre et ses poux sont une espèce de poux. L'herbe en pullule. Ils pénètrent sous la peau, aux chevilles. C'est diabolique.

Il était minuit. On n'entendait plus dehors que le bruit d'une mangue trop mûre s'écrasant sur le sol. Silencieux sur ses pieds nus, le forçat Gonzalez entra dans ma chambre un gros bâton à la main.

Maintenant, je connaissais les forçats. Je n'ai pas eu peur. C'était pour battre la moustiquaire !…

9. DANS LES CACHOTS

Au centre, l'île Royale qui domine est le fléau. Saint-Joseph d'un côté, le Diable de l'autre sont les plateaux. Dernière balance de la justice, telles apparaissent les îles du Salut.

À vue d'œil, c'est ravissant. Elles forment, en pleine mer, l'un de ces petits groupes imprévus qui charment les dames et leur font dire au commandant d'un paquebot : « Oh ! Commandant ! Si vous étiez gentil, vous arrêteriez là ! » Des cocotiers les parent. C'est vert, bien tenu. On vous affirmerait qu'un opulent casino orne le plateau de Royale, que cela vous semblerait naturel. Décor pour femmes élégantes et leurs ombrelles !

Les îles sont la terreur des forçats.

On interne aux îles les sujets à surveiller, les coupables de plusieurs évasions, les fortes têtes, les meneurs. C'est le fin fond du bagne, les oubliettes de la transportation.

« Nous tournons la tête à droite : de l'eau ! Nous la tournons à gauche : de l'eau ! De l'eau partout. Nous devenons fous, monsieur. »

L'évasion, leur seul espoir, est difficile. Il y faut du courage. Aussi les compte-t-on. Dieudonné, de la bande à Bonnot, est parti sur deux troncs de bananiers par une mer terrible, requins à la surface. Le courant mit trois jours pour l'apporter sur la Grande

Terre. Il marcha vers le Venezuela, mais ne connaissant pas la route, tomba dans le camp Charvein. Il se jeta lui-même dans le piège, tête baissée.

« Mais Dieudonné est un homme ! » fait remarquer le commandant Masse.

La fin qui les attend en épouvante plus d'un. On n'enterre pas, on immerge, aux îles. Autrefois, on sonnait une cloche. On ne sonne plus ; les requins connaissaient ce signal et accouraient, dit-on. Ils accourent toujours. Le cadavre ne flotte pas longtemps et, comme chante à peu près le même Dieudonné :

Déjà les vieux requins sont là,
Ils ont senti le corps de l'homme.
L'un croque un bras comme une pomme,
L'autre le tronc... et tra-la-la !
C'est au plus vif, au plus adroit.
Adieu, bagnard ! Vivre le droit.

Nous partons pour Saint-Joseph. Huit heures du matin. Les canotiers ont revêtu leur plus belle camisole empesée.

« Tenez, fait le commandant Masse, voilà Seigle...

— Présent ! Commandant ! dit l'un des canotiers.

— Eh bien ! Seigle, qui a l'air si gentil, et rame avec tant de conviction, est une mauvaise tête.

— Vous pouvez même dire une crapule, commandant !

— Je lui ai tendu la perche. Il était de 1800 jours de cachot. Je l'ai reiré du cachot. Le voilà maintenant canotier. Il m'a promis — parce qu'on ne jure pas ici — de ne plus pécher. Nous verrons.

— Parole de Seigle ! Commandant. Je vole bien, par-ci par-là, une poule à un surveillant, mais je ne vais pas plus loin.

— Nous verrons.

— Avec une pioche, une boule de pain, une bonne parole, on nous ferait traverser la Guyane ; nous sommes des vauriens, mais quand on sait nous prendre...

— Et puis, voilà Pichon. Ce n'est pas un saint non plus, Pichon.

— Commandant, demande Pichon, est-ce que le mur de la prison est un fonctionnaire ?

— Non ! Pichon.

— Eh bien ! Jadis, j'ai passé au conseil pour voies de fait sur un surveillant parce que j'avais démoli le mur de ma cellule. Comment voulez-vous que je sois un saint quand je vois qu'au bagne on ne sait même pas donner aux mots leur juste valeur ? »

Nous arrivions.

Morts vivants

L'île Saint-Joseph n'est pas plus grande qu'une pochette de dame. Les locaux disciplinaires et le silence l'écrasent. Ici, morts vivants, dans d6es cercueils — je veux dire dans des cellules — des hommes expient, solitairement.

La peine de cachot est infligée pour fautes commises au bagne. À la première évasion, généralement, on acquitte. La seconde coûte de deux à cinq ans.

Ils passent vingt jours du mois dans un cachot complètement noir et dix jours — autrement ils deviendraient aveugles — dans un cachot demi-clair.

Leur régime est le pain sec pendant deux jours et la ration le troisième. Une planche, deux petits pots, aux fers la nuit et le silence. Mais les peines peuvent s'ajouter aux peines. Il en est qui ont deux mille jours de cachot. L'un, Roussenq, le grand Inco (incorrigible), Roussenq, qui m'a serré si frénétiquement la main — mais nous reparlerons de toi, Roussenq, — a 3779 jours de cachot. Dans ce lieu, on est plus effaré par le châtiment que par le crime.

Un surveillant principal annonça dans les couloirs :

« Quelqu'un est là, qui vient de Paris ; il entendra librement ceux qui ont quelque chose à dire ! »

L'écho répéta les derniers mots du surveillant.

De l'intérieur des cachots, on frappa à plusieurs portes.

« Ouvrez ! » dit le commandant au porte-clés.

Une porte joua. Se détachant sur le noir, un homme, torse nu, les mains dans le rang, me regarda. Il me tendit un bout de lettre, me disant : « Lisez ! »

« Si tu souffres, mon pauvre enfant, disait ce bout de lettre, crois bien que ta vieille mère aura fait aussi son calvaire sur la terre. Ce qui me console, parfois, c'est que le plus fort est fini. Conduis-toi bien, et quand tu sortiras de là, alors que je serai morte, refais ta vie, tu seras jeune encore. Cet espoir me soutient. Tu pourras te faire une situation et vivre comme tout le monde. Souviens-toi des principes que tu as reçus chez les Frères, et quand tu seras prêt de succomber, dis une petite prière. »

« Je voudrais que vous alliez la voir à Évreux.

— C'est tout ?

— C'est tout. »

On repoussa la porte.

« Ouvrez ! »

Même apparition, mais celui-là était vieux. Il me pria de m'occuper d'une demande qu'il avait faite pour reprendre son vrai nom.

« J'ai perdu la liberté, j'ai perdu la lumière, j'ai perdu mon nom ! »

— Ouvrez ! »

C'était un ancien jockey : Lioux.

On repoussa la porte.

« Je vous écrirai, dit-il. Mon affaire est trop longue. Je ne crois pas que vous vous occupiez de moi, mais quand on est à l'eau on se raccroche à toutes les voix. »

Dans ce cachot noir, il portait des lorgnons.

Il me semblait que j'étais dans un cimetière étrange et que j'allais déposer sinon des fleurs, mais un paquet de tabac sur chaque tombe.

« Ouvrez ! »

L'homme me fixa et ne dit rien.

« Avez-vous quelque chose à me dire ?

— Rien.

— Vous avez frappé, pourtant.

— Ce n'est pas à nous de dire, c'est à vous de voir. » Et il s'immobilisa, les yeux baissés comme un mort debout. C'est un spectre sur fond noir qui me poursuit encore.

Dieudonné !

À la porte d'une cellule, un nom : Dieudonné.

« Il est ici ?

— Il fait sa peine pour sa seconde évasion. »

On n'ouvrit pas la porte, mais le guichet. Une tête apparut comme dans une lunette de guillotine.

« Oui, oui, dit Dieudonné, je suis surpris, je n'avais pas entendu. Je voudrais vous parler. Oui, oui, pas pour moi, mais en général. »

Il était forcé de se courber beaucoup. Sa voix était coupée. Et c'est affreux de ne parler rien qu'à une tête. Je priai d'ouvrir. On ouvrit.

J'entrai dans le cachot.

Son cachot n'était pas tout à fait noir. Dieudonné jouissait d'une petite faveur. En se mettant dans le rayon du jour, on y voyait même assez pour lire. Il avait des livres : le *Mercure de France*, de quoi écrire.

« Ce n'est pas réglementaire, mais on ferme les yeux. On ne s'acharne pas sur moi. Ce qu'il y a de terrible au bagne, ce ne sont pas les chefs, ce sont les règlements. Nous souffrons affreusement. On ne doit pas parler, mais il est rare que l'on nous punisse d'abord. On nous avertit. À la troisième, à la quatrième fois, le règlement joue, évidemment. Mais ce qu'il y a de pire, d'infernal, c'est le milieu. Les mœurs y sont scandaleuses. On se croirait transporté dans un monde où l'immoralité serait la loi. Comment voulez-vous qu'on se relève ? Il faut dépenser toute son énergie à se soustraire au mal. »

Il parlait comme un coureur à bout de souffle.

« Oui, je suis ici, mais c'est régulier. Pour ma première évasion, je n'ai rien eu. Pour ma seconde, au lieu de cinq ans, on ne m'a donné que deux ans. Je peux dire que l'on me châtie avec bonté. Il me reste encore trois cents jours de cachot sur les bras. Je sais que, peut-être, je ne les ferai pas jusqu'au bout. Il ne faut pas dire qu'on ne rencontre pas de pitié ici.

C'est la goutte d'eau dans l'enfer. Mais cette goutte d'eau, j'ai appris à la savourer. Aucun espoir n'est en vue et je ne suis pourtant pas un désespéré. Je travaille. J'ai été écrasé parce que j'étais de la bande à Bonnot, et cela sans justice. J'ai trouvé plus de justice dans l'accomplissement du châtiment que dans l'arrêt.

Je suis seul sur la terre. J'avais une petite fille. Elle ne m'écrit plus. Elle m'a perdu sur son chemin, elle aussi ! »

Il pleura comme un homme.

« Merci, dit-il. Ce fut une grande distraction. Et, comme on repoussait la porte, il dit d'une voix secrète qui venait de l'âme :

Le bagne est épouvantable… »

La case commune

Le soir, à huit heures, à l'île Royale, le commandant me dit :

« Cela vous intéresserait de jeter un coup d'œil dans une case, la nuit ?

— Oui.

— Si vous entrez, vous ne verrez rien : ils se donneront en spectacle. Je vais vous conduire devant un judas. Vous y resterez le temps que vous voudrez. »

Ils étaient allongés sur deux longs bat-flancs, le pied pris dans la manille (la barre). De petits halos faisaient des taches de lumière. C'étaient les *boîtes de sardines* qui éclairaient. Ils ne jouaient pas aux cartes. Quelques-uns se promenaient, ceux qui avaient pu se déferrer. Les manilles sont d'un même diamètre et il y a des chevilles plus fines que d'autres. Ils s'insultaient. J'entendis :

« Eh ! L'arbi ! C'est-y vrai que ta mère est … ? »

Ils parlaient de l'événement du jour, de la visite du journaliste.

« Tu crois qu'il y fera quelque chose ? Rien, j'te dis. D'ailleurs, nous n'avons plus rien de commun avec les hommes, nous sommes un parc à bestiaux.

— Ça ne peut tout de même pas durer toute la vie.

— T'avais qu'à ne pas tuer un homme.

— Et toi, qui qu't'as tué ?

— Prends le bateau et va le demander au juge d'instruction du Mans, s'il veut te recevoir.

Aucun ne dormait. On voyait des couples. Un sourd brouhaha flottait, déchiré de temps en temps d'un éclat de voix fauve. Par l'odeur et la vue, cela tenait de la ménagerie.

« J'irai le trouver, demain, pour lui prouver que je ne suis pas fou. Ah ! Le manchot (un surveillant) dit que je suis fou ! J'irai le trouver, le journaliste.

— Et puis, après ? C'est de la clique comme les autres. »

Et l'un, d'un ton de faubourg, me fixa définitivement sur la nature de ma personne :

« Va ! Ne crains rien, il fait partie de la viande qu'on soigne ! »

10. ROUSSENQ L'« INCO »

Dans les cellules, à Cayenne, à Royale, à Saint-Joseph, je voyais toujours un nom gravé au couteau sur le bat-flanc, soit inscrit au mur en couleur marron : Roussenq.

Parfois, une phrase : « Roussenq salue son ami Dain. » « Roussenq dit M… au gouverneur. »

Sur le tronc d'un manguier de Royale — ce qui prouvait que ce Roussenq était parfois en liberté — je lus : « Face au soleil, Roussenq crache sur l'humanité. »

Quel était cet auteur de graffiti ?

Je demandai son dossier. Quand je le pris des mains du commis, je pliai sous le poids. Ce volume pesait bien cinq kilos. Il valait celui d'Hespel.

Feuilletons la chose.

Motifs de punitions :

A excité ses camarades à l'hilarité par son bavardage continuel pendant la sieste. — trente jours de cachot.

Lacération complète de ses effets d'habillement. — trente jours de cachot.

N'a pas cessé, pendant la sieste, d'appeler les autres punis pour les obliger à causer avec lui. — trente jours de cachot.

S'est catégoriquement refusé à se laisser mettre aux fers. — trente jours de cachot.

S'est catégoriquement refusé à se laisser déferrer. — trente jours de cachot.

A accusé un surveillant de lui avoir volé deux francs. — trente jours de cachot.

A grimpé jusqu'au sommet des barreaux de sa cellule et déclaré qu'il en redescendrait quand il lui plairait. — trente jours de cachot.

A forcé le guichet de sa cellule, passé sa tête et crié : « Une autre punition, s'il vous plaît ! » — trente jours de cachot.

Bref, le transporté Roussenq (Paul), matricule 37.664, né le 18 septembre 1885, à Saint-Gilles (Gard), condamné, le 5 mai 1908, par le conseil de guerre de Tunis, à vingt ans de travaux forcés, pour *tentative d'incendie volontaire* (lisez : a essayé de brûler la guitoune sous laquelle il était enfermé) et pour outrages et voies de fait, a collectionné, pendant quatorze ans de bagne, 3779 jours de cachot. C'est le record. Roussenq était l'as des révoltés.

« Roussenq, me dit le commandant Masse, est un cas curieux. C'est un hystérique du cachot. Il éprouve une volupté quand on le punit. Il écrivit une lettre en vers au ministère des Colonies pour lui vanter la douceur du cachot :

« Ah ! Douze ans sans ne rien faire !
Douze ans soustrait de la terre !
Ministre,
Tu crois que c'est sinistre ?
C'est plus beau que ton maroquin. »

« Il ne faut pas tomber dans le faible des transportés, c'est faire leur jeu, reprit le commandant. Aussi, ces temps derniers, ai-je décidé, pour le punir, de ne plus punir Roussenq. Il appela les punitions de plus haut.

Il écrivit au gouverneur :

« Je me contente de vous dire, à vous, gouverneur, que vous êtes un dégoûtant personnage. »

La punition ne vint pas.

Il écrivit au directeur :

« Lequel est le plus fainéant de nous deux, dites, descendant d'esclaves ? (Le directeur est un nègre.) Lequel ? Moi, qui vous méprise et le dis, ou vous, qui n'êtes qu'un marchand de pommades avariées ? J'en ai soupé de votre fiole, sale sac à charbon, rejeton d'une race subjuguée.

« Je vous emmène tous à la campagne, tous tant que vous êtes : directeur, procureur, gouverneur et toute la séquelle de sangsues et de ratés ! Ah ! Vous faites un beau troupeau de vaches ! Charognards ! Tas d'ordures ! Êtres infects vomis par la nature en un moment de dégoût.

« Je préfère ma place à la vôtre !

« Signé : Roussenq. »

Une lettre…

Dans le dossier, une note du commandant Masse : « Ne pas s'occuper des écrits de Roussenq ; ne pas le punir serait, d'après moi, le meilleur moyen d'avoir raison de ses manières. »

« Eh bien ! En avez-vous eu raison ?

— Tenez, voici sa dernière lettre :

Île Royale, 8 juin 1923.
Monsieur le Commandant,

Après quinze ans d'une lutte inégale, me sacrifiant pour une collectivité qui, dans son ensemble, n'en vaut pas la peine, je me rends compte que je ne puis plus continuer, mon organisme étant affecté jusque dans son tréfonds.

Comme le jouteur loyal qui, après un tournoi, tombe la face contre terre, je me déclare vaincu.

Je ne veux pas augmenter la durée de mes punitions, mais je redoute les moments de défaillance, la disposition du quartier spécial de Royale offrant trop de tentations.

Je demande comme faveur d'être transféré dans un cachot de la réclusion de Saint-Joseph, où le bavardage (seule infraction que j'appréhende à l'avenir) est impossible. Cette impossibilité est due à ce fait que les cachots de la réclusion ont de la résonance à cause des voûtes.

Ainsi s'opérerait mon relèvement, quoique tardif. Combien de fois une minute d'aberration, sitôt déplorée, m'a causé des mois et des années de souffrances !

Vous-même, chef d'une grande administration, vous élevant au-dessus des offenses d'un malheureux exacerbé par des misères sans nombre, lui avez maintes fois ouvert une éclaircie sur l'horizon.

C'est pourquoi, dans ma détresse, je me tourne vers vous. Je ne puis plus avaler mon pain, les jours de pain sec. J'ai 1,75 mètres et pèse 50 kilos. La misère physiologique se lit à travers mon corps. J'espère, malgré tout, arriver à subir les cent cinquante jours de cachot qui me restent.

Si, pour une raison majeure, vous ne pouviez ordonner mon transfert, j'ai la prescience, malgré mes bonnes résolutions, que mon amendement serait impossible. Une parole est si vite dite !

Faites-moi mettre en réclusion, commandant, vous serez clément. »

— Clémence sinistre, dis-je.

— Oui. Cela vous frappe davantage parce que vous n'êtes pas habitué. Voyez-vous, le monde est fait de trois choses : le ciel, la terre et le bagne. »

Dans le cachot avec Roussenq

L'après-midi, je fis armer le canot et repartis pour Saint-Joseph. Quand, en arrivant, je dis au chef de camp : « Je viens voir Roussenq », l'effarement le cloua au sol. On ne voit pas Roussenq. C'est comme si j'avais frappé aux portes de l'enfer, disant : « Je viens voir le diable. » Le diable existe, mais ne reçoit pas. Roussenq non plus. Mais l'ordre que je portais était formel.

Nous montâmes par un chemin rouge et glissant. Malgré les avertissements, je fis, à plusieurs reprises, plusieurs mètres à quatre pattes… la mer battait la petite île Saint-Joseph.

Le local disciplinaire. Nous y pénétrons. Nos pas réveillent la voûte. Ces portes de cachots ont définitivement l'air de dalles verticales de tombeaux. C'est ici qu'est Roussenq, dans cette rue de cachots inhabités, seul, comme il l'a demandé.

On déferre la porte. Elle s'ouvre.

Roussenq se dresse sur son bat-flanc et regarde. Il regarde quelqu'un qui n'est pas un surveillant, qui n'est pas un commandant, qui n'est pas un porte-clés. La surprise est plus forte que lui ; il dit :

« Un homme ! »

On me laisse seul. Je pénètre dans le cachot. Roussenq en est à la période des dix jours de cachot demi-clair.

Il est ébloui comme si j'apportais le soleil.

« Ah ! bien ! fait-il ; ah ! Oui !

— Quel âge avez-vous ?

— Vingt-trois ans de vie et quinze ans d'enfer, ce qui fait trente-huit. »

Et, tout de suite :

« Je vais vous montrer mon corps. »

Il se mit complètement nu. Passant la main sur son ventre, il dit : « La cachexie ! »

Il est si maigre qu'on dirait qu'il grelotte.

Sur ses bras, dans son dos, sur ses jambes, sur la poitrine sont des marques comme des cicatrices de coups de lanière.

« Ce sont des coups de couteau.

— De qui ?

— De moi, pour embêter les surveillants. Ils faisaient une tête quand ils ouvraient le cachot et me trouvaient en sang ! Et puis ça leur donnait de l'ouvrage.

— Vous touchez à la fin de vos tourments.

— C'est fini. Plus que cent cinquante jours. Maintenant, je rentre dans l'ordre.

— Vous êtes resté longtemps tout nu, mais on vous a redonné un pantalon.

— Je déchirais tous mes vêtements. J'étais un chien enragé. Il est évident que lorsqu'un individu comme moi lacère ses effets systématiquement, on ne saurait fournir un aliment à ses dégradations. Mais j'ai ressenti suffisamment la souffrance du froid de cachot. Les nuits, je me frottais l'épiderme avec une brosse. J'en suis guéri à jamais. La douleur est le meilleur conseiller.

— Pourquoi meniez-vous cette lutte inégale contre l'administration ?

— Par goût. Je m'enfonçais dans le cachot comme dans le sommeil. Cela me plaisait diaboliquement. Quand le commandant Masse n'a plus voulu me punir, j'ai cru que je l'étranglerais. Et puis, je protestais au nom de tous les autres. Mais tous les autres — à part trois ou quatre — savez-vous ce que c'est ? C'est de la vermine qui, plus vous l'engraissez, plus vous dévore.

On ne me verra plus chercher des amis dans ce fumier.

Je me demande même comment je ferai quand je sortirai du cachot.

Je ne puis plus supporter la vie en commun.

— Vous vivrez à part.

— Je ne puis plus me souffrir moi-même. Le bagne est entré en moi. Je ne suis plus un homme, je suis un bagne. »

Il dit :

« Je ne puis pas croire que j'aie été un petit enfant. Il doit se passer des choses extraordinaires qui vous échappent. Un bagnard ne peut pas avoir été un petit enfant. »

« Je finirai dans un requin »

On s'assit tous les deux sur le bat-flanc.

« Enfin ! J'espère que je suis très malade. J'ai peut-être bien la tuberculose. J'ai assez avalé de cachets tuberculeux… Oui, voilà. Quand un camarade « en tient » on le fait cracher dans des cachets. On colle et on garde ça. Puis on se présente à la visite. On dit : « Je suis tuberculeux. » Au bon moment on met le cachet dans sa bouche. On le perce d'un coup de dent et on crache pour l'analyse. Les médecins ont du travail avec nous !

Il ne voulait pas prendre le tabac que j'apportais.

« Non ! Non ! Je ne veux plus commettre de faute.

— Pour ces paquets-là on ne vous dira rien. »

Il les prit, disant :

« C'est que je veux sortir, sortir.

— Mais habillez-vous ! Vous grelottez.

— Non ! On ne grelotte que la nuit. »

Il me demanda :

« Je suis bien seul dans l'allée, n'est-ce pas ?

— Seul.

— Comme ça, je sortirai. Quand je sens des camarades près de moi, mon cerveau chavire. Il faut que je les provoque. Je me couperai la langue, mais je sortirai. »

Il n'avait aucune commission à me confier. Il ne se rappelait plus le monde.

Je lui dis de pauvres mots d'homme libre qui ne parvinrent pas, j'en suis sûr, au fond de sa fosse.

Il me répondit :

« Oui. Je finirai dans un requin, mais je veux revoir le soleil ! »

11. LES FOUS

Le commandant des îles était à son bureau. Comme j'entrais, il écrivait sur une lettre, au crayon bleu : « À classer. Il est fou ! »

« Bonjour ! me dit-il. Lisez ceci :

Le Diable, 15 juin.
Monsieur le commandant supérieur,

Prière de me faire évacuer du Diable au plus tôt, car je prévois une éruption.

L'île sautera dans quatre jours. On entendra une forte détonation et la secousse se propagera du Diable en Europe.

Veuillez, en outre, prévenir de suite la Société de géographie.

Avec mon profond respect.

Aubry, transporté 38.096.

La veille, quarante-deux bagnards avaient défilé chez moi, un par un.

Le cinquième qui se présenta était manchot et sa vieille figure de singe riait malicieusement.

« Vous avez bien entendu parler du fort Chabrol des Vosges ? Vous savez : Pan ! Pan ! Deux gendarmes morts. Pan ! Pan ! Eh bien ! Le fort Chabrol des Vosges, c'est moi !

Vous connaissez Gérardmer ? J'ai pris le tram. Et toujours pan ! Pan ! Ah ! C'était drôle, mon ami, c'était drôle !

Eh bien ! J'étais balayeur à Saint-Laurent-du-Maroni, mais toutes les femmes m'aimaient. Plus je balayais, plus elles m'aimaient. Et voilà pourquoi on m'a mis sur les îles. Je viens vous porter la plainte d'un enfant de l'amour.

— Prends ce paquet de tabac, mon vieux, et laisse la place à tes autres camarades. »

Il redescendit l'escalier, son moignon en goguette et pinçant des ailes de pigeon au cri de : pan ! pan ! pan ! pan !

Le dixième était grand, maigre. Il se planta devant moi, grelotta comme un timbre de gare et commença :

« Au temps de ma femme, Jeanne d'Arc, le monde n'était pas si méchant. Je parle de l'année 1904 où j'ai pris Jeanne d'Arc pour femme. Quant à moi, je suis changé en cheval et je viens me plaindre ici que l'on ne me donne pas de foin. Pas même une jument, monsieur. Or, la femme appartient au cheval et non à l'homme, qui n'est qu'un singe.

— Prends ce paquet de tabac, mon vieux. Je ferai la commission, je te le promets.

— Ai-je le droit de dire encore un mot ?

— Dis. »

Il se pencha à mon oreille :

« Je suis le possesseur du signe cabalistique 234, trois X.

— Asseyez-vous.

L'un des derniers se présenta timidement. Il me remit une lettre.

Il s'assit avec précaution.

Je lus :

Monsieur le président de l'Académie des Sciences,

Je viens vous prier de faire une expérience sur ma personne, si toutefois les membres de l'Académie tiennent à posséder un phénomène qui n'existe pas encore dans le monde.

Que l'on m'enferme avec une belle femme, pendant six mois, dans une chambre verte, et je vous fais naître une personne possédant le corps d'un serpent, la tête d'un vautour et les pieds d'un chien. Si je ne réussis pas, on me traînera, séance tenante, au supplice.

L'auteur de la découverte de l'obscurité.
Signature illisible.

Sur quarante-deux forçats, trois étaient fous !

La case des fous

Au bout de l'île s'élève une maison lépreuse. Les blockhaus sont moins tristes qu'elle. Le grand soleil lui-même ne parvient pas à la faire paraître ce qu'elle n'est pas. Loin de chanter sous la lumière, elle se consume. C'est la case des fous.

C'était jour de visite. Le docteur Clément s'y rendait. Je me joignis à lui.

Au bagne, on voit le malheur toute la journée. Il passe, comme dans une ville une auto, un piéton. On entend : « ma misère », « la misère », « notre misère », de même que chez nous : « Bonjour ! » « Ah ! Qu'il fait chaud ! » « Quelle heure est-il ? » On se croirait dans un monde de chiens invisibles grattant, de l'intérieur, à la porte de leur niche. Nous n'avons qu'un jour des Morts par an ; pour eux, c'est jour des Morts toute l'année.

La case des fous était plus tragique encore que tout cela.

Les portes s'ouvrirent. Une statue de l'abjection était appuyée contre la cellule numéro 1, les yeux fixant le sol, la langue sortie.

C'était un vieux.

« Vieux, dit le docteur, je te donnerai une boîte de lait, ce matin. »

La statue ne bougea pas.

À la cellule numéro 2 était Bourras. Il se promenait nu dans sa « concession à perpétuité ». Ainsi se nomment les cases.

« Eh bien ! Bourras, tu veux me demander une boîte de lait, toi aussi, ce matin ? »

Bourras sourit :

« Je voudrais prendre quelque chose, ce matin.

— Quoi donc ?

— Je voudrais prendre la liberté.

En face (on avait ouvert toutes les cellules) le numéro 4 nous appela.

« Eh bien ! Jean, mon vieux Jean, qu'est-ce que tu veux ? »

Et, pointant son doigt sur le numéro 2 :

« Monsieur le major, il est bien fou, je m'y connais, vous ne faites pas erreur. Hier, il a mangé son mur. Il est de Caen. Tous ceux de Caen mangent les murs. Il mourra aussi, il mourra !

— Vous donnerez une boîte de lait à Jean.

— Non ! Je veux une purge.

— Vous lui donnerez une purge.

— Et puis, vous savez bien, monsieur le major, à huit ans, j'ai embaumé mon père. Je désire qu'on me rende la pareille. Et, comme je veux être sûr d'être embaumé après ma mort, que l'on commence maintenant. Embaumez-moi, monsieur le major. Débutez par le ventre.

— Jeudi prochain, Jean, je te le promets. »

Voici Boutriche Amar au numéro 16. C'est un Arabe.

« Eh bien ! Boutriche, tu es sorti ce matin, n'est-ce pas ? »

Il fit remonter son souffle de très bas et siffla :

« Oui.

— Alors, tu es content ?

— Oui.

— Boutriche Amar veut sortir tous les matins à sept heures pour tuer son ennemi. Son ennemi est le soleil. Il prend des pierres et, comme il est très fort, il les lance dans le soleil. N'est-ce pas, Boutriche ?

— Ou-i.

— Et après, il crache sur le soleil. Il crache pendant cinq minutes.

— Ou-i.

— Vous donnerez une boîte de lait à Boutriche.

Le numéro 17 chantait : « Ô Marguerite ; ô toi ! Ma Marguerite. »

Il regarda le docteur et dit : « Bonjour, Marguerite ! »

« Tenez, voilà Caillot, au numero 13. Il est libérable dans vingt-cinq jours. Nous ne pouvons pas renvoyer un homme pareil. Alors il aura fait sa peine et restera quand même au bagne. Il doit s'en rendre compte. Depuis deux mois, il n'ouvre plus la bouche. »

Caillot, sur son bat-flanc, pensait profondément, les sourcils froncés.

Caillot n'entendit pas, Caillot pensait, pensait…

Au numéro 3 était un homme, correctement vêtu de ses habits de bagnard. Il caressait un chat. C'était Compart. Compart était un bon sujet. Voilà quarante jours, au Diable, il tua un camarade qui lui avait volé trente-cinq francs. Sitôt après, Compart devint fou. Il ne parle plus que de sa fille qu'il eut à Paramaribo, en évasion.

« Eh bien ! me dit-il, vous irez là-bas, à Paramaribo. Vous verrez ma petite-fille. C'est dans la troisième rue. »

Et me montrant son matricule.

« Prenez mon numéro. Dites-lui bien mon numéro. C'est un très bon numéro. »

Aousset, au numéro 14, se promenait comme une bête, tout nu, à quatre pattes dans sa cellule. Un baquet rempli d'eau sale attendait dans un coin.

« Alors, il boit toujours de l'eau sale ?

— Plus elle est sale, plus il se frotte le ventre, dit l'infirmier.

— Aousset, on va te mettre de l'eau propre. »

On fit mine de lui enlever son baquet. Mais il rugit et montra les ongles.

Voici le numéro 22. Quand nous approchons, il lève le doigt et, confidentiellement :

« Un petit pigeon est venu ce matin et m'a dit : « il faut manger ». Alors je vais manger.

— Donnez-lui une boîte de lait. »

Trabot, Sénégalais, est assis sur sa planche. Il tresse des lianes avec une rapidité prodigieuse et parle haut, très haut. Il parle ainsi depuis un an et demi sans arrêt. Il dit toujours la même phrase. On n'a jamais pu comprendre que deux mots : *Droit civil* et *classe*. Dans son discours éternel, ces deux mots passent régulièrement comme les agrafes d'une courroie en action.

Crébillot est un déporté de l'île du Diable. Il a un œil fermé et de l'autre il sourit. Sa paralysie générale est en plein épanouissement.

« Allez donc voir Joffre et Clemenceau et dites-leur bonjour de ma part. »

Nous partions. Il nous rappela :

« Et mes galions ? A-t-on relevé mes galions ?

— Bien sûr !

— Cinq milliards et demi dans le port de Cayenne, c'est quelque chose. Il faut me relever ça ! »

Il y avait un Annamite qui ne mangeait que des crapauds.

Il y avait un Marocain.

Ils étaient venus de Saïgon, de Tombouctou, de Marakech, de Caen, se jeter dans ce trou !

Il y en avait un qui chaque jour, lançait quelques cailloux dans la mer, à la même pointe de l'île Royale. Comme cela, il créerait une digue d'Amérique du Sud en France. Il n'aurait plus ensuite qu'à marcher dessus pour rentrer chez lui.

C'est de cette folie-là que ces tragiques misérables sont tous fous !

12. « AU DIABLE »

Au diable ! Ce n'est pas de cet ilet que vient l'expression. Si chaque fois que l'on envoie un concitoyen au bagne, le maudit devait débarquer ici, l'humanité serait trop sévère.

Les condamnés appellent l'île du Diable : le Rocher noir.

On croirait n'avoir qu'à enjamber pour passer. C'est une tout autre affaire.

Naguère, un câble aérien réunissait les deux îles. Ainsi, chaque matin, dans un petit wagonnet, partait le ravitaillement. Il est difficile d'aller chez les déportés. Un goulet sépare les deux terres. Le courant est impératif. Aucun bateau ne s'y aventure. La mer ici semble un mur hérissé de tessons de bouteilles !

Au pied de l'abattoir, le canot nous attendait.

Les requins connaissent les jours de tuerie. Ils accourent dans l'anse dont l'eau se rougit. On les voit à la surface se réjouir du sang des bœufs.

Le forçat boucher accroche un paquet d'intestins à un harpon. Il va nous sortir un squale. Le monstre mord à la minute. Le forçat ferre trop tôt. La bête retombe à l'eau, gueule déchirée.

Nous embarquons.

Pour franchir à pied la distance de Royale au Diable, trois minutes suffiraient. Nous voici en route depuis un quart d'heure. Six rameurs. Nous n'avons presque pas décollé de Royale.

Ce sont six rudes galériens pourtant ! Ils serrent les dents. On dirait que c'est leur mâchoire qui tire le canot. Mais chaque fois qu'ils gagnent un mètre, les rouleaux nous repoussent de deux.

Avec eux, nous sommes neuf dans le canot. Aucun ne parle. Le hasard de ces minutes nous impose. Un orage s'abat à droite : rideau de fer qui descend sur l'horizon. L'orage fonce sur nous comme une charge de cavalerie.

Nous ne parlons pas. Dans un suprême effort, les forçats enlèvent le canot et sortent du tourbillon.

« C'est fait ! » dit Seigle.

Nous sautons sur le « Diable ». Ouvrez les bras et vous tiendrez l'île contre votre cœur. C'est tout son volume.

Dreyfus l'inaugura. Il y resta cinq ans, seul. Voici son carbet. Il est abandonné. Je le regarde et c'est comme une très ancienne histoire que l'on me conterait.

Voici son banc. Chaque jour, le capitaine venait s'y asseoir, les yeux fixés, dit la légende, sur la France, à quatre milles par l'Atlantique.

Vint Ullmo. Là est sa case. Il y reçut le baptême, la communion. Voici sa lampe, son cocotier.

La guerre a peuplé le rocher. Maintenant ils sont vingt-huit, deux par baraque.

« Ne rappelez pas mon nom, supplie celui-là portant barbe noire.

— Qu'avez-vous fait ?

— En 14, j'ai écrit à la *Gazette de Cologne* pour lui dire que je pourrais lui fournir des renseignements. »

Il est l'infirmier de ses camarades.

Ils ont un peu débroussé et cultivent d'étroits jardins.

Voici un Annamite qui ne parle qu'annamite.

Voici un Chilien.

C'est tout.

Île du Diable ! Tombeau de vivants, tu dévores des vies entières. Mais ton silence est tel que pour le passant tu n'es qu'une page !

13. MARCHERAS L'AVENTURIER

J'allais sortir. Il était six heures du soir. Quarante-deux forçats avaient défilé devant moi, sous cette véranda, l'après-midi. Je me sentais égaré dans une immensité de misères. Un quarante-troisième forçat apparut au sommet de l'escalier.

« Vous avez quelque chose à me dire ?

— Oh ! Non, pas moi ! Mais vous voulez me voir, je crois ?

— Marcheras ?

— Marcheras. »

Marcheras, présentement infirmier des îles du Salut.

Docteur, commandant, surveillants reconnaissaient en lui un « homme bien », une « personnalité intéressante ». À l'hôpital, son chef lui accordait une « confiance sans limite ».

Du forçat, il n'avait que la livrée. Il tenait son chapeau de paille tressée d'une main habituée aux meilleurs feutres. Sa tenue, ses propos, son sourire, ses silences étaient d'une élégance désabusée.

Nous voilà assis, chacun d'un côté de la table.

« Eh oui, fit-il, telle est la vie ! »

Il accepta une cigarette.

« Les bons, les mauvais, les brutes, les brebis perdues, nous tournons tous, ici, dans un cercle vicieux. Nous n'avons plus de boulets aux chevilles ; mais, sitôt que nous battons de l'aile pour nous élever, une corde invisible nous ramène au fond du trou. À part le feu, nous sommes bien les damnés que représentent les images catholiques.

Entendez-moi. Je ne dis pas que je sois venu ici sans motif. Mais je n'étais pas foncièrement mauvais quand j'accomplis mon premier voyage en Guyane (il sourit) à dix-huit ans ! J'avais tiré un coup de feu sans résultat et volé mille francs. Cela ne valait pas une pension de l'État, mais n'était qu'un geste. Mon âme, autour de cette tache d'un jour, restait blanche. Mais après quatre ans d'administration pénitentiaire, alors non ! Je ne pouvais plus concourir pour un prix Montyon. Ah ! fit-il d'un ton d'administrateur, la Guyane devrait être un Eldorado. Songez que moi (il me désigne son matricule), je suis le 27.307. Un très vieux cheval ! On en est maintenant à 47.000. Cherchez une route, un chemin de fer, cherchez la trace de passage de quarante-sept mille blancs. On ne voit pas même leurs tombes. On aurait pu tout au moins élever une pyramide avec les ossements. C'eût été un souvenir !

Le bagne n'est qu'une machine à faire le vide. Et cette machine coûte quatorze millions par an à la France.

On ne peut pas commander au paludisme. Mais voyez partout, à Panama, à Colon. Allez à la Coutcha, à l'intérieur, où la fièvre jaune était latente, aujourd'hui, plus rien.

Dans les bagnes des États-Unis, regardez…

— Vous avez voyagé ?

— Assez, il faut bien employer son temps d'évasion.

— Dans les bagnes des États-Unis, ce n'est pas la même chose. On couche en cellule, la nuit.

— Vous y êtes allé ?

— Oui, mais un peu comme vous ici. Lors de ma première évasion, j'ai tenu à faire la comparaison. J'avais obtenu toutes permissions. Je ne m'étais pas présenté, évidemment, mon matricule de Cayenne à la main. Mais aux États-Unis, des dollars, un fin rasoir, un bon tailleur vous font un gentilhomme en une matinée…

On couche en cellule, donc pas de promiscuité. Si le fruit qui tombe dans un bagne américain n'a qu'une petite tache, cette tache ne s'étendra pas. Il y a des ministres du culte, des livres. On instruit l'homme. Beaucoup d'entre nous vont au mal parce qu'ils ne soupçonnent pas le bien. Les Américains leur cachent le mal et leur montrent le bien. L'homme se relève. S'il est illettré, on l'instruit.

Quand il sort, un trousseau l'attend. On ne le jette pas à la porte, on lui trouve du travail. Il mange à sa faim. Il ne voit pas tuer devant lui un homme, à propos de bottes.

Dans les petites républiques de l'Amérique du Centre, même…

— Vous connaissez aussi ?

— J'ai tenu à tout étudier. Les prisonniers sont considérés comme des hommes. Pourtant, Guatemala, Honduras, San Salvador, Costa-Rica ne sont pas de grands pays comme le nôtre.

Prenez la Guyane anglaise, la brésilienne ou la hollandaise. Des quatre, la Guyane française est celle que la nature favorisa le plus. C'est un pays neuf et opulent. On dirait que Christophe Colomb ne l'a pas encore découvert ! Or, que fait-on ? Nous arrachons de l'herbe qui repousse le lendemain.

Tout cela était pesé. Ce bagnard ne déblatérait pas, il déplorait. La faillite du bagne choquait son intelligence. S'il disait : « J'ai vu à Sainte-Marguerite un chantier où les hommes sitôt débarqués mouraient sur le ventre comme des poissons sortis de l'eau », ce n'était pas pour s'indigner, mais pour s'étonner de procédés si peu rémunérateurs.

— Aussi, dégoûtés de notre inutilité, monsieur, on déserte. »

La vie d'un forçat aventurier

« L'évasion, monsieur, n'est pas un jeu, c'est une science. Ceux qui la représentent sous le jour d'une action romanesque n'ont pas été forçats. On vous racontera de superbes histoires qui sont vraies. Il y eut ce collègue, mon ami, qui se fit clouer dans une caisse à destination d'un autre « frère de la côte » à Demerara. On lisait sur la caisse : « Plante rare. Prière d'éloigner des chaudières et d'arroser souvent. »

Nous n'avons pas davantage oublié cet homme qu'on emporta pour mort, un couteau dans l'épaule à l'amphithéâtre de Royale. Le lendemain, on ne le retrouva plus. Ni la table d'opération ; il s'en était servi pour radeau. Des gens d'hôpitaux sont partis, au fil de l'eau, dans des cercueils. Et l'évasion des canotiers de la chaloupe *Mélinon* !

C'était la plus jolie de l'administration. Elle effectuait son premier voyage. Il était cinq heures du soir, heure de la promenade chic sur le quai de Saint-Laurent-du-Maroni. Le directeur était là. Tout ce beau monde admirait la nouvelle acquisition. Les forçats touchèrent le débarcadère et, soudain, repoussèrent la chaloupe. Ils prenaient le large !

« Mais que font-ils ? demandait le directeur. La chaloupe siffla : « Pou ! Pou ! Pou ! » Le directeur criait : « Arrêtez ! » Nos amis inclinèrent par trois fois le pavillon — salut réglementaire. On ne les revit jamais.

« Mais l'évasion ordinaire, la vraie ! C'est un exploit que les connaisseurs qualifieraient d'héroïque si le but était autre. De la « grande terre », on tombe dans la brousse. On est sans vivres, sans vêtement. On a tout calculé, mais rien prévu. On sait par exemple, que, dans la brousse, on tourne toujours à gauche. Pourquoi ? C'est un fait. Mais c'est tout ce qu'on sait. Onze jours, une fois, je suis resté dans les bois. Les singes rouges étaient mes compagnons. Je me battais avec eux pour voler leur nourriture. Toute la nuit, ils criaient lugubrement. Las des marécages, je montais, parfois aussi, dans les arbres. Quand le sommeil me terrassait, je rêvais que les singes m'emportaient.

Et puis, il y a le grage, serpent qui donne la mort, et tous ceux que l'on vient troubler dans leur royaume : tamanoirs, pumas, caïmans. Enfin, un jour, on aperçoit un pomakari (toit d'un canot de nègres bosch). Et alors, quand on a la chance et une volonté d'acier, après encore un mois de vie de chien sauvage, alors, alors, on est tour à tour scieur de long à Paramaribo, cireur de bottes à Demerara, barman à Panama, tenancier de tripot à Colon, chercheur d'or un peu partout. Au Mexique, on s'engage dans les bandes de Francisco Madero contre Francisco Diaz. Cela dure un mois.

Et l'on s'engage ensuite chez Francisco Diaz contre Francisco Madero. De bagnard, on s'élève au rang de pirate. On est aussi négociant. Je fus marchand de glaces ambulant à Bogota.

Dans cette même Colombie, j'ai tâté des mines d'émeraude. Vos compagnons sont des assassins, des étrangleurs, des faussaires. Un homme intelligent ne fait pas le mal pour le plaisir de faire mal. Mais il faut soutenir sa façade d'homme libre. Donc, un coup de pistolet, le soir, est vite tiré. Et on se sauve…

On va chercher du pétrole au Venezuela. J'ai saigné les balata. J'ai fait du caoutchouc.

On m'a vu dans les massifs de l'Imataqua, à soixante kilomètres dans l'intérieur. Je gagnais ce que je voulais avec le quartz aurifère. Les belles cascades qu'il y a là ! Les vieux forts du temps des conquistadores hantent ses côtes. Mais on redescend.

On a besoin de s'amuser. On a hâte de couper sa barbe à la Jean Hiroux. On a deux ou trois milles dollars en poche, de quoi être un homme : les villes sont là, les bars, les tripots, les femmes. On lave tout en une semaine.

Huit jours de folie font oublier les années de misère. Le bagne semble loin ! Et l'on remonte prospecter ou mourir.

Une fois, lors de ma seconde évasion (on ne croit jamais retourner au bagne, mais on compte tout seul. Un duel à la mexicaine, à Panama, m'avait fait découvrir. On me ramena à Saint-Laurent. Je dus donc m'évader encore), une fois que j'avais gagné, chez les Guatémaltèques et autres Nicaraguaisais, de très authentiques et très bons dollars, je partis me promener à New York.

Passant, un soir d'été, dans un quartier ouvrier, je vis des familles, le père, la mère, les enfants, causant et jouant devant les portes. C'était honnête, c'était beau.

Pourquoi ne deviendrais-tu pas cela ? me dis-je. Dès le soir, je quittai le palace qui, depuis un mois, avait l'honneur d'héberger une crapule aussi bien habillée que moi. Je réduisis mes frais. Hélas ! Il est une chose que je ne pus réduire : le goût de grand'route aventureuse.

Et puis… »

La nuit était tombée tout à fait. Il me regarda à la lueur d'une chandelle. « Et puis je suis une canaille. Nous sommes tous des canailles. Nous sortons de l'école du crime. Ai-je assez souvent entendu : « Comment t'y es-tu pris ? » — « Comme ça. » — « Imbécile ! Voilà comment il fallait faire. » Alors on sait. On sait trop ! »

Maintenant

« Maintenant, j'ai passé l'âge des grands voyages. Mes ailes sont rognées.

Je fus marquis, plusieurs fois *de*. Les joies du monde, je les ai tenues dans cette main, cette main qui tient à cette heure le chapeau de Duez. Oui, Duez m'a donné son chapeau en partant ! Je ne suis plus qu'un résigné irrémédiablement battu dans son dernier combat.

Je finirai d'abord sur ce rocher, ensuite dans un requin. Tout cela d'après la loi.

Mon bonheur est de faire du bien à mes co-détenus. Je fus un voleur. Ici, au bagne, je suis l'homme intègre. Mes chefs me confient l'infirmerie. Je gère vingt mille francs.

Les camarades me disent : « Tiens ! Henri, garde-moi ça. » Je garde. Comment expliquez-vous cela ?

J'ai été un criminel.

Trois fois je me suis évadé.

J'ai traîné la chaîne (j'étais de ce temps), onze mois, je fus aux fers par les deux pieds.

J'ai mérité ces châtiments.

Ai-je du repentir ? Je ne dis pas que je porte droit mes crimes, mais je les porte. Quand à l'âge de raison on s'est chargé d'un fardeau, on ne gémit pas sous le poids.

Bien souvent, quand je me trouve seul, les soirs, chez moi, dans mon hôpital, je regarde les bocaux. J'ai tous les genres de mort à ma disposition. Alors je me dis : Si j'abrégeais ? Toujours une voix répond : Qui sait ?... J'ai franchi les Andes. Sur trois planches, j'ai affronté la mer des Guyanes. J'ai traversé à la nage des rios en crue. Je n'ai pas le courage de déboucher un flacon !

Vous avez voulu me voir ? Tel est le triste individu que je suis. Au revoir, monsieur, et bonne chance ! »

Troisième partie

À Saint-Laurent-du-Maroni.

14. LA CAPITALE DU CRIME

Les aras, volant par deux, traversaient le Maroni, de la rive hollandaise à la rive française. Des cochons sauvages en faisaient autant, mais par bandes et à la nage. De temps en temps, une fumée montait de la brousse, c'était un maigre feu d'évadés. Nous venions de passer Galibi, le grand campement des Indiens.

Le *Turina*, bateau des bœufs, filait doucement sur le fleuve. Ce noble bateau, venant du Brésil, apportait de la viande pour le bagne. Il n'avait pas vu d'inconvénient à me prendre aussi.

Au Brésil, au Venezuela, dans les autres Guyanes on élève des bœufs. En Guyane française, non. Les forçats pourraient les chevaucher un jour de révolte et charger les autorités. Peut-être, plus simplement, l'administration redoute-t-elle le mauvais exemple pour ces bestiaux : ils pourraient s'évader !

Le Maroni est un émouvant chemin. Il conduit vers l'or, il mène au bagne. Dans le haut, sont les placers aux noms parlants : placer Enfin, placer Espérance, placer Merci Seigneur, placer À Dieu-Vat. Ici s'étalent les camps des forçats : camp des Malgaches, camp Lorrain, camp Godebert, camp — ce nom aussi parle dans le pays — camp Charvein ou des « Incos ».

Sitôt après les îles Arouba nous vîmes sur la droite une poignée de maisons très blanches : Albina, village hollandais, et sur la gauche Saint-Laurent, ville française. C'était tout de suite plus sombre. Là aussi est un gril.

« Quand vous arriverez à Saint-Laurent, vous serez effrayé », m'avait-on dit. Je ne fus pas du tout effrayé (en arrivant). C'est très gentil, Saint-Laurent. Regardez ces rues ! Râtissées, peignées, pomponnées. Et ces maisons ? Mais c'est tout neuf ! On se sent ravigoté. On refuse net la voiture de la « Tentiaire » qui vous attend et on part à pied, fier d'être piéton et même Français ! Voilà l'hôtel de ville ! Mais c'est un bel hôtel de ville ! Et le palais de justice, donc ! Il n'est pas terminé. Je dois même dire que, depuis cinq ans, il est en cet état, et qu'il s'abîme avant d'être achevé. On manque de bois ! Il n'y a pas d'air, j'étouffe ; les forêts m'entourent, mais on manque de bois ! C'est tout de même un beau palais de justice !

Saint-Laurent-du-Maroni est le royaume de l'administration pénitentiaire. C'est une royauté absolue, sans Sénat, sans Chambre, sans même un petit bout de conseil municipal. C'est la capitale du crime.

Le roi règne et gouverne, c'est M. Herménégilde Tell.

Son premier ministre est M. Dupé.

Les pages sont de jeunes et brillants assassins, les sympathiques « garçons de famille ».

D'un côté de Saint-Laurent, une route (17 kilomètres) qui va à Saint-Jean, la ville des relégués, autrement dit des « pieds de biche ».

De l'autre côté, une autre route (22 kilomètres) qui, passant par les camps, conduit à Charvein.

C'est tout ! Cet effort accompli, tout est entré en sommeil.

« Madame l'administration pénitentiaire, ce que vous avez fait là est fort bien.

— Pas mal, monsieur.

— Vous nous avez prouvé que lorsque vous vouliez…

— Mais je ne veux plus, monsieur.

— Pourquoi ?

— C'est trop difficile.

— Mais pourtant, la colonisation.

— Il fait trop chaud.

— Allons ! Du courage. Prenez cet éventail. Maintenant que vous avez créé Saint-Laurent, montez plus haut, débroussez, bâtissez.

— La barbe ! Monsieur !

— Alors, vous ne voulez plus planter une rame ?

— Non, monsieur.

— Vous ne voulez pas élever de bœufs ? Vous savez que cela coûte cher à la France d'acheter des bœufs au Brésil et au Venezuela.

— Pauvre France !

— Alors que faites-vous ici ? »

Madame « Tentiaire » se dressa :

« Je règne, monsieur. Je règne sur le paludisme et l'ankylostomiase. Je règne sur la dégradation de neuf mille sept cents hommes, transportés, libérés, relégués. Je règne sur les requins des îles et les bambous de Cayenne et de Saint-Laurent. Je protège les arbres balata et les mines d'or. Si je traçais des routes, des bandes s'abattraient dans le pays qui saigneraient ces arbres, qui violeraient ces mines. Je régnerai longtemps, monsieur. La crapule est nombreuse. J'ai encore reçu six cent soixante-douze sujets hier. Mon royaume est solide, et, comme l'a dit Louis XV, mon aïeul : « Cela durera bien autant que moi. »

Les libérés

Saint-Laurent est la fourmilière du bagne. C'est là que les coupables désespèrent en masse. Quelques comptoirs pour l'or et le balata, le quartier administratif, un village chinois, des nègres bosch, qui ravitaillent les placers et rapportent les lingots, et, animant cela, des forçats, des « garçons de famille » pressés et empressés et tout le régiment rôdeur, inquiet, loqueteux des *quatrième-première* : les pitoyables libérés.

C'est par ses libérés que Saint-Laurent s'impose.

Là, on fait le doublage, et là demeurent à perpétuité (mais meurent bien avant !) les forçats condamnés à huit ans et plus et qui ont achevé leur peine.

Que font-ils ? D'abord ils font pitié. Ensuite, ils ne font rien. Les concessions ? Ah ! Oui ! « À leur libération, les transportés pourront recevoir une concession… » Il y en a. Mais à peu près autant que de bâtons de maréchal dans les sacs d'une brigade qui passe.

Alors, hors de prisons, dans la rue, sans un sou, portant tous sur le front, comme au fer rouge et comme recommandation : ancien forçat ; avilis, à la fois révoltés et matés, minés par la fièvre, redressés par le tafia, vont, râlent, invectivent, volent et jouent du couteau, les parias blancs de Saint-Laurent-du-Maroni.

Leur formule est juste : le bagne commence à la libération. Qu'ils travaillent ! Où ça ? Ils ont une concurrence irréductible : celle des forçats en cours de peine. Exemple : Une société, la Société forestière, vient s'installer en Guyane. C'est la première. Les libérés voient un espoir, ils vont avoir du travail. Catastrophe ! Le ministère accorde à cette société deux forçats officiels à 75 centimes par jour.

Et les libérés, le ventre creux, regardant passer le bois.

Chez les particuliers ? Les particuliers sont peu nombreux. Il y a ici, dix assassins et quinze voleurs pour un simple citoyen. Et puis les particuliers ont des « assignés » : des forçats de première classe employés en ville.

Dans les comptoirs ? Oui, quelques-uns travaillent dans l'importation et l'exportation, mais quelques-uns seulement, parce qu'il n'y a que quelques comptoirs.

Alors que font-ils ?

1° Ils déchargent deux fois par mois, les cargos américains et français qui apportent des vivres.

2° Ils mangent — je veux dire ils boivent — en un jour et une nuit les cinquante francs guyanais qu'ils viennent de gagner.

3° Ils se prennent de querelle et l'on entend ce cri qui ne fait même plus tourner la tête aux passants : *Ah ! Ahn ! Ah ! Ahn !* C'est un libéré qui vient de recevoir un couteau dans le ventre.

4° Ils « font » la rue Mélinon comme des bêtes de ménagerie derrière leurs barreaux, avant l'heure du repas. Mais pour eux, le repas ne vient pas.

5° Le samedi, ils vont au cinéma. Les vingt sous du cinéma sont sacrés. Ils mourront de faim devant ce billet, mais ils iront au cinéma.

6° À onze heures du soir, ils se couchent sous le marché couvert et, avant de s'endormir sur le bitume, ils sèchent les plaies de leurs pieds avec la cendre de leur dernière cigarette.

7° À cinq heures du matin, on les réveille à coups de bottes : place aux légumes !

La ville étrange

On se sent bouleversé à Saint-Laurent-du-Maroni. La face de la vie est changée. N'aurait-on pas quitté la terre pour une planète aux mœurs inédites ? Ces hommes en camisole blanche, au long numéro noir sur le cœur, ces civils hagards et égarés, ces mots ordinaires que l'on entend : « C'est honteux ! » « Il faut pourtant que je vole ce soir, j'ai faim ! »

« Si j'étrangle un homme dans la rue, j'aurai un complet tout de suite et ma ration, je serai titulaire. Si je ne bouge pas, je resterai en loques et le ventre creux. Car je ne suis que forçat honoraire. » Et cet autre qui dit : « Ce qui serait une catastrophe pour un homme libre est pour nous un bonheur. Mon ami Alfred s'est cassé une jambe. Il est à l'hôpital. Il rit maintenant. Il a les reliefs de la table de MM. les docteurs. » Et cette histoire d'hier : Une famille fêtait un anniversaire. Il était onze heures du soir. Un phonographe asthmatique s'égosillait. Des libérés dormaient au pied de la maison.

« Eh, là-haut ! crièrent-ils. Finissez ! Vous empêchez de dormir les locataires du trottoir. »

La fête continuant, les forçats sans abri allèrent au poste porter plainte pour tapage nocturne !

On se croirait au milieu d'une maison de fous en vadrouille.

« Petites bourses ! lit-on à la porte d'un Chinois, refaites vos forces par le vin de Bordeaux ! »

Une enseigne éclate en tête de tous les comptoirs, et dans ce pays d'intense misère, elle dit aux passants :

« Ici, on achète l'or. »

Une caisse noire bordée de blanc et montée sur roues, passe et repasse. Un forçat la tire, deux la poussent, c'est le corbillard.

Les soirs, un accord d'orgue s'élève. Cela ressemblerait aussi à un chant de pèlerins hystériques : ce sont les singes rouges qui hurlent dans la brousse.

Et tout à l'heure, à minuit, dans l'obscurité profonde, deux lanternes vénitiennes se balançant à une bicyclette, vinrent au devant de moi. L'homme qui montait la machine chantonnait. On aurait dit une petite fête solitaire. C'était un forçat qui se promenait…

15. LA COUR DES MIRACLES

Cela est un tout petit peu trop fort.

« Cela », c'est deux camps qui s'appellent chacun : le nouveau camp. L'un est pour la relégation, l'autre pour la transportation. Quatre cent cinquante chiens dans le premier, quatre cent cinquante dans le second. À dire vrai, ce ne sont pas des chiens, ce sont des hommes ! Mais ces hommes ne sont plus que des animaux galeux, morveux, pelés, anxieux et abandonnés.

Quand, figé par le spectacle, presque aussi raide qu'un cheval de bois, vous avez tourné une heure dans ces deux honteux manèges, il ne vous reste qu'un étonnement, c'est que ces misérables ne marchent pas à quatre pattes.

L'étonnant aussi, est que ces hommes vous parlent quand vous les interrogez, et n'aboient pas. Manchots, unijambistes, hernieux, cachexiques, aveugles, tuberculeux, paralytiques, tout cela bout ensemble dans ces deux infernaux chaudrons de sorcière.

Le bagne est un déchet. Ces deux camps sont le déchet du bagne.

« On va tous *crèver*, va ! et toi aussi, si ti demeures ! »

C'est un Arabe. Je ne dis pas qu'il crache ses poumons, c'est fait. Il est assis dans sa case, sur son bat-flanc : feu follet qui s'élèverait de sa propre décomposition, ce feu follet a faim.

« Ti pourrais pas mi faire donner une pitite boîte de lait ? »

II n'y a donc pas d'hôpital ? Si. Il en est un grand à Saint-Laurent-du-Maroni. Mais on ne devient pas gibier d'hôpital comme ça, au bagne ! Il ne suffit pas d'être condamné pour franchir l'heureuse porte de cet établissement de luxe. Il faut avoir un membre à se faire couper, ou, ce qui est aussi bon, pouvoir prouver que l'on mourra dans les huit jours.

Alors, et les médecins ?

Les médecins sont écœurés. Les témoins les plus violents contre l'administration pénitentiaire se trouvent parmi eux.

Le médecin voit l'homme. L'administration voit le condamné. Pris entre ces deux visions, le condamné voit la mort.

Mille bagnards meurent par an. Ces neuf cents mourront.

« Mais c'est long, monsieur, me dit celui-là, né à Bourges, c'est long !... long !... »

Au camp des relégués, le docteur passe chaque jeudi ; au camp des transportés, tous les dix jours.

« Nous sommes malades quand nous y allons, disent-ils. Que pouvons-nous faire ? Rien à ordonner, pas de médicaments. Notre visite médicale ? Une sinistre comédie ! Le cœur serré, nous avons la sensation que nous nous moquons de ces malheureux. »

Dans ces deux camps, on se croirait revenu à l'une des époques barbares de l'humanité, au temps sans médecins, ni pharmaciens. Alors devait s'élever sur la terre un grand mur infranchissable : d'un côté les bien portants, de l'autre les infirmes avec ce mot d'ordre : mourir.

Rien. Rien à donner à neuf cents malades de toutes maladies.

« Tout ce que je puis, dit le médecin, et pas toujours, c'est faire descendre quelques squelettes qui gigottent encore, pour qu'ils claquent dans un lit. »

La pharmacie centrale de Saint-Laurent vient de recevoir seulement — *en juillet 1923* — sa commande de médicaments de *1921*. On ménage le coton comme l'or et la teinture d'iode, ici, est une liqueur précieuse. Et les effectifs augmentent. Le crime monte. Assassins ! Si vous saviez !

Au fait, les autorités ont raison de ne pas élever de troupeaux en Guyane. Les quelques buffles qui rêvent dans les savanes et sont arrivés sains d'Indochine tombent malades, ici. Ils mangent l'herbe de para qu'ont souillée tous ces malheureux et les buffles attrapent l'*ankilostomiase*. Dans ce pays les hommes contaminent les bêtes.

On s'accrochait à ma veste de toile. La phrase était la même : « Sortez-nous d'une façon quelconque de cet effroyable enfer. »

« Tenez, me dit le docteur, au camp de la transportation, en voilà un qui me promet six pouces de fer dans le ventre chaque fois que je viens. Il a raison ! Il est malade. Il souffre. Je suis docteur, je dois le soigner et ne le soigne pas ! »

Ces camps sont bien présentés : cases jumelles, toits triangulaires recouverts de feuilles de bananiers. Cela fait un assez joli site. Seulement il ne faut pas s'en approcher.

Les moribonds râlent sur une planche dure. Combien, devant ce spectacle, semble douce la mort dans un lit ! Voilà dix-huit tuberculeux, côte à côte, neuf de chaque côté, sous ce toit de feuilles. Ça tousse ! Ils ont des yeux ! Des yeux qui n'ont plus de regard, mais simplement une pensée.

L'un me parle. Mais on tousse trop, je n'ai pas entendu.

« Que dites-vous ?

— C'est dur, monsieur l'inspecteur ! »

Eh ! Oui que savent-ils ? Dans ces camps, personne, jamais, jamais ne vient. Ce sont des carmels dans la brousse, alors, pour ces hommes cloîtrés je suis monsieur l'inspecteur, monsieur le directeur, monsieur le délégué. De quoi ? Ils l'ignorent, mais pour que j'aie pénétré jusqu'à eux, ce doit être sûrement de quelque chose de sérieux. L'un me dit : « Vous êtes le bon Cyrénéen du calvaire ! » L'autre : « Tendez-moi la main. » C'est déchirant.

Et Jeannin, le photographe Jeannin, vient de recruter quelques escouades pour « faire une plaque ».

« Non ! Jeannin, non ! »

Mais ils s'amènent avec leurs béquilles. Ils collaborent de bonne grâce. Devant l'appareil — ils s'en souviennent — il faut sourire. *Ils sourient.*

Voilà le docteur Brengues, un forçat. Condamné pour avoir tué son beau-frère à Nice, il n'a cessé de crier son innocence, il revient de se promener dans le camp. On dirait un vieux berger de la Camargue. Vêtu de coutil noir, un grand bâton de bouvier à la main, sa barbe en râpe, il va sur soixante-dix ans.

« Regardez autour de vous. Mais regardez donc ! Moi je subis ici une peine que j'appellerai « la peine de l'ironie ». Docteur, on m'a mis au milieu de moribonds pour que je les regarde expirer, impuissant. Je ne dis pas que ce soit un raffinement, mais, enfin, c'est un supplice, alors je m'en vais, je marche, je marche… »

Mais quelqu'un vient vers moi en courant, il a peur de ne pas arriver à temps. C'est un confrère, un pauvre bougre saturé de chagrin et de remords. Je me souviens fort bien de lui. Oh ! Il n'a pas tué père et mère. C'est un maniaque, un ivrogne, il volait un colis dans une gare, un poulet au marché ; une fois, sur une banquette de café, il prit un paquet contenant de vieux journaux, deux bougies et un couteau. Et il rendait toujours quelque temps après. Mais il a recommencé plus de six fois et ce fut la relégation.

Il pleure. Son émotion le fait bégayer. Il veut se mettre à mes genoux. Il me dit comme Brengues :

« Regarde ! Regarde ! »

Il me répond :

« Je ne pleure pas, c'est la joie ! »

Il me supplie :

« Tu diras tout ! Tout ! Pour que ça change un peu…

—Voilà les aveugles dans cette case. Ils sont assis les mains sur les genoux et attendent. Il en est qui se rendent volontairement aveugles avec des graines de penacoco. Au moins, ceux-ci ne voient plus ! »

16. CHEZ LES FORÇATS QUI SONT NUS

Il s'appelait ben Gadour. C'était un sidi.

En sa qualité de pousseur-chef de Saint-Laurent-du-Maroni, je le fréquentais toute la journée.

Chaque matin, à six heures, ben Gadour, appuyé sur son carrosse, m'attendait au bout de la rue de la République.

Ce carrosse à quatre roues minuscules roulait sur rails Decauville. C'est le pousse, car il ne roule que lorsqu'on le pousse. Tantôt il parcourt les dix-sept kilomètres jusqu'à Saint-Jean, tantôt les vingt-deux, jusqu'à Charvein. Saluons très bas ce véhicule. C'est l'unique moyen de transport en Guyane française.

Ben Gadour et ses deux aides poussaient ferme. À travers la brousse nous allions à Charvein, chez les « Incos ».

« Ah ! Ça, Charvein, me disait un forçat, à Royale, c'est le bagne aussi ! »

Et presque avec une pointe d'admiration :

« Il faut être Français pour avoir trouvé ça ! »

Passé le camp malgache, nous entrions au camp Godebert. Nous étions en pleine forêt vierge. Le tintamarre des roues sur les rails remplissait les singes rouges de terreur. Ils détalaient comme des lapins, à travers branches.

« Ti veux t'arrêter camp Godebert ? demande ben Gadour.

— Oh ! Tu sais, ben Gadour, ces camps, c'est toujours la même chose.

— T'as bien raison, toujours *faire le stère*, toujours *crèver*.

Et ben Gadour lançait sa machine sur les rails à cinquante à l'heure.

« Tu vas me casser la figure, ben Gadour.

— Ça, jamais ! Je casse la figure de qui je veux ; de qui je veux pas, jamais ! »

À cette vitesse, on dansait dans ce carrosse sans plus de sécurité que sur une corde raide.

« Qu'est-ce que tu as fait, ben Gadour ?

— Moi ? Rien, absolument rien. Je n'ai pas tué un vivant seulement.

— Alors tu tuais les morts ?

— Pas même, je les dévalisais.

— Où ça ?

— Au cimetière de Tunis. »

Et, avec un rire frais :

« J'étais vampire !... »

Belle route sauvage que celle de Saint-Laurent à Charvein. Quel pays ! La brousse, des singes, des bagnards. Amateurs de situations étranges, venez par ici.

Au milieu des forêts secrètes, vous ne rencontrez que voleurs, assassins, bandits. Tous vous disent bonjour, vous servent, vous aident à franchir une crique. S'ils sortent leur couteau, c'est pour vous le prêter quand vous avez besoin d'ouvrir une boîte de conserves. Ils pourraient vous couper en douze morceaux.

Rien ne les gêne. Ils ont le temps, le lieu s'y prête. Ils n'y pensent même pas ! Dix-huit jours, j'ai circulé dans les bois sans protection. Comme gardes du corps : trois bagnards ; un vampire, deux meurtriers.

Mes rencontres ne valaient pas mieux. Si ces compagnons avaient vu le tonnerre tomber sur moi, ils se seraient mis en travers. On m'a volé sur bien des routes, dans le monde ; ici, non.

Est-ce bien travaux forcés que l'on devrait dire quand on parle de la peine du bagne ?

Surveillés forcés.

Maigreur forcée.

Exil forcé.

Cafard forcé.

Maladie forcée, oui.

Travaux forcés ? Pas autant !

Dans tous ces camps, l'homme travaille de cinq heures à midi. Pendant ces sept heures, il doit *faire le stère*. Après, il rentre à sa case, mange, dort, est libre jusqu'au lendemain cinq heures.

Il est libre à l'intérieur du camp. Il cultive son petit jardin et « fait de la camelote ».

Les deux mots que l'on entend le plus souvent, au bagne, sont misère et camelote.

La camelote, c'est tout : paniers, cannes, tapis, coco sculpté, papillons. Les papillons ! C'est la grande affaire, l'évasion possible : le rouge vaut jusqu'à six francs à Saint-Laurent ; le bleu cinq francs. Les bagnards n'ont pas le droit de *faire du papillon*. Ils en font tous ! Il n'est que de partager les bénéfices avec le surveillant.

Le camp Charvein

Ben Gadour, ayant poussé pendant vingt-deux kilomètres, s'arrêta et dit :

« Tiens ! Voilà la capitale du crime. »

C'était le camp Charvein.

Il fallait un chef à cette capitale. On en trouva un. Seul dans son carbet de célibataire, ce chef a pour horizon la brousse et pour genre humain les plus beaux produits de la crapule du bagne. Son règne est net, son esprit droit, sa main ferme. Il s'appelle Sorriaux.

Pas d'instruments de torture. Cela n'existe plus au bagne. Ici, pourtant, fonctionna le dernier : un manège où, sous le soleil, les hommes tournaient, tournaient.

C'est le camp des « Incos ».

L'homme de Charvein n'est plus un transporté, mais un disciplinaire. Tous les indomptables du bagne ont passé par là. Ils ont les cheveux coupés en escalier et sont complètement nus. C'est le pays surprenant des Blancs sans vêtements. Ironique paradis terrestre, vos frères de peau viennent à vous, sur la route, comme Adam.

Ils partaient au travail, en rang, telle une compagnie, un Annamite, un nègre, quatre Arabes, tous les autres étaient des gens de France.

La pioche sur l'épaule, ils passaient, rien qu'en chair et en os, sous le lourd soleil.

Un surveillant, revolver à droite, carabine à gauche, suivait d'un pas pesant.

Ils allaient tout près, à cet abatis, dans la brousse. Dès qu'ils eurent quitté la route, ils s'enfoncèrent dans des terres noyées. Une glaise restait à leurs pieds comme d'épaisses savates.

Le silence était dans les rangs.

« Halte ! cria le surveillant. »

L'arrêt fut immédiat.

Sortant de la vase, le surveillant se percha sur deux troncs couchés et prit sa carabine en mains.

Sur place, à l'endroit où le cri de halte ! les avait cloués, les hommes nus, à coups de pioche, attaquèrent le bois.

S'ils s'écartent de plus de dix mètres du chantier, ils savent ce qui les attend : le surveillant épaule et tire.

Ils n'en sont pas à un coup de fusil près. Le surveillant est bon chasseur d'hommes, mais… chaque semaine un « Inco » joue sa chance. Quand la balle est bonne, il reste sur le tas, sinon la brousse le prend. Il ira partager la nourriture des singes rouges.

Les moustiques se gorgent sur les corps.

Les éclats de bois se collent sur les peaux en sueur.

On dirait une tribu bâtarde de peaux-rouges.

Aujourd'hui, on leur fait grâce d'une heure de ce travail.

Quelques-uns me remercient du regard.

Pour une fois qu'un pékin passe !...

17. LES PIEDS-DE-BICHE

Ce sont les voleurs.

Ils ont leur ville : Saint-Jean.

On les appelle aussi les pilons.

Et Saint-Jean se prononce Saint-Flour.

Officiellement ils ont pour nom : les relégués.

Ils sont au nombre de huit mille cent soixante-sept.

C'est le plus sale gibier de la Guyane.

Quand vous recommandez un homme pour une situation d'assigné :

« Qu'est-ce que c'est ? vous demande-t-on.

— Un assassin.

— Très bien, nous le caserons. »

Si vous dites :

« C'est un de Saint-Jean.

— Jamais ! »

Chez Garnier, à Cayenne, chez Pomme-à-Pain, à Saint-Laurent, on se vante — ces gargotes se respectent — de ne pas recevoir de pieds-de-biche.

Sur un bateau, deux libérés causaient. Ils avaient peut-être bu quelques secs de trop (un sec est un verre de tafia). L'un faisait le matamore.

« Après tout, lui dit son compagnon, tu n'es qu'un pied-de-biche comme moi. »

Le matamore ne pipa plus.

Ce sont les honteux du bagne, de pauvres petits voleurs enfoncés dans l'anonymat. L'auréole de la guillotine n'a pas brillé au-dessus de leur tête. La considération, ici, ne commence qu'au vol qualifié.

La relégation ! Je ne m'imaginais pas que c'était ainsi. Quand on lit : « Condamné à tant et à dix ans d'interdiction de séjour », on croit aisément qu'une fois sa peine achevée, l'homme n'a qu'à courir le monde pourvu qu'il ne rentre pas en France. Ce n'est pas cela. Il va à Saint-Jean, dit Saint-FIour.

Ce n'est pas que Saint-Jean soit laid. C'est joli. C'est même zoli ; zoli ! Comme on dit à Athènes.

Sur la gauche du Maroni, un large espace fut débroussé et sept collines apparurent. Et comme, en ces lieux, le toupet ne manque pas, en plus de Saint-Flour, on appela Saint-Jean : la petite Suisse. Des bungalows sommeillent à l'ombre des manguiers. La flore tropicale décore au ras du sol. Une route poil de carotte, mais bien peignée, conduit de vallon en vallon. Et, plus loin, au fond, sur le quatrième plateau — ce que nous venons de passer est le quartier administratif — s'élèvent quinze grandes cases, hautes sur pattes : le séjour de MM. les interdits de séjour.

Le pasteur protestant qui vient de débarquer en Guyane comme moralisateur dit : « Le relégué est un grand enfant qui ne sait pas se conduire. »

Avec ses lunettes et ses bottes, M. le pasteur est bon. II est même très bon.

Aucun de ces grands enfants qui n'ait sur la conscience moins de six vols reconnus. Beaucoup en sont à vingt, trente, plusieurs à quatre-vingts, et à cent. C'est la crème la plus épaisse des fripouillards de France. Et là, c'est Paris qui donne.

« T'viens-ti du faubourg Saint-Denis ?

— Presque !

— Alors, t'es bien de Paname. »

Le relégué vole

La relégation est un bagne.

« Faut bien que vous expliquiez ce que c'est. Asseyez-vous. On va vous payer une limonade. Voulez-vous une sardine ? Nous sommes des interdits de séjour et non des forçats. Eh bien ! Cherchez la différence entre un relégué et un transporté. Nous sommes habillés comme eux. De cela on se balance. Mais nous devons travailler ! Faire le stère ! On nous nourrit, c'est vrai. — Riton ! Va chercher la bidoche. — On va vous montrer comment on nous engraisse. Ne goûtez pas, mais pesez. On passerait sur le goût, c'est le poids ! Tout cuit : 95 grammes de bœuf. Nous avons l'eau qui fait bouillir ce bœuf, la boule de pain. Puis le soir, 60 grammes de riz et fermez le ban !

— Mais, explique-lui mieux que ça. Fais-lui bien voir notre vie, dit Riton.

— Voilà ! Le travail est obligatoire. Nous devons le stère de bois par jour, pas un stère d'un mètre, mais d'un mètre cinquante. Il faut cinq heures à un homme fort.

— Les hommes libres travaillent huit heures, dis-je.

— Nous, nous gagnons quatre sous par jour, deux sous pour nous, deux sous pour le pécule.

— Il y en a qui gagnent six et huit sous, dit Riton.

— Les ouvriers d'art, c'est vrai. Alors que fait-on après le stère : on vole ! Dans la vie libre, nous ne volions que de temps en temps, ici, nous volons tous les jours ; le vol est notre unique pensée.

— Pourquoi volez-vous ?

— Pour manger, monsieur. Je ne sais comment votre estomac est fait, mais le nôtre fut confectionné par papa et maman, tout simplement. »

Riton aimait la précision : les explications de l'orateur manquaient de clarté à son goût, alors il dit :

« Moi je vais vous dire en deux mots et vous entendrez parce que vous n'êtes pas sourd. Eh bien ! D'après les règlements, nous devrions travailler, mais nous ne travaillons pas. Ce ne sont que les gourdes qui font le stère, les autres sont tous comme nous, des *radiers* (embusqués) ; le malheureux qui n'a pas de *placarde* (emploi où il n'y a rien à faire) y laisse sa peau, et c'est tant pis, il n'avait qu'à la défendre.

Ainsi moi, je suis travaux légers, je porte les morts au cimetière. Comment ai-je pu être travaux légers ? En volant. En volant, j'ai eu de l'argent, et, avec cet argent, j'ai acheté ma place de croque-mort. À qui ? À ceux qui les donnent, pardi ! Je veux dire à ceux qui les vendent ! Ici tout se vend. Tenez, parfois je plains le directeur et les grands chefs ! S'ils savaient !

— Moi, dit un grand, depuis quatre ans, j'ai volé, j'ai volé, j'ai volé comme jamais je n'aurais pu voler dans la belle vie libre. Je n'ai pas fait un stère et j'ai 3.000 francs à gauche. Eh bien, si je vous expliquais la chose, vous ne la croiriez pas !

— Écoutez, depuis un mois que j'interroge chez vous, vous me répondez tous : « Si on vous disait la vérité, vous ne la croiriez pas. » D'un autre côté, vous prétendez que l'administration me cachera tout. Comment voulez-vous que je me débrouille ?

— Voilà ! L'administration ne vous dira rien parce qu'elle y trouve son compte. Nous ne vous dirons rien non plus, parce que nous y trouvons le nôtre. »

Malgré cela, je sais. Le ministre des Colonies sait aussi. Le gouverneur, le directeur, tous savent. Cela ne peut plus durer. Par notre laisser-aller nous avons fait du bagne une association brevetée de malandrins. Nous fermons les yeux sur des complicités écœurantes. Il est des cas — le tribunal maritime, qui tient ses séances en *public*, en fait la preuve — où c'est le bagnard qui est exploité. On voit déjà assez de saletés ici sans que nous y ajoutions de la honte.

Pour changer d'idées, les pieds-de-biche m'emmenèrent au théâtre.

Place au théâtre

Ce n'est pas la Comédie-Française, ce n'est pas le Casino de Vichy. Inutile de sortir ses jumelles pour lorgner la grande coquette. Leur théâtre est une case. Ils aiment les bonnes choses. Au programme : la *Rafale*, l'*Anglais tel qu'on le parle*, la *Souriante madame Beudet*. Aujourd'hui, c'est la *Tour de Nesles*.

Voici Marguerite de Bourgogne qui arrive en sautant sur les bancs, pour m'être présentée. Elle est rasée de près et tatouée aux deux bras. Évidemment, elle est tatouée ailleurs, mais, décente, elle ne montre que ses bras. Je lui offre une cigarette ; elle préfère une chique. C'est le « pilon » Delille.

Les premières sont à 0 fr. 40, les secondes à 0 fr. 30, car, même au bagne, l'égalité n'existe pas !

Voilà le vieux Lévy, régisseur de métier.

« Jadis, dit-il, j'étais aboyeur à Montparnasse, à Montmartre, à Montcey. Me voici à Saint-Jean. Le grand art mène loin !

— Dites donc, fait un cabot au béret cascadeur, si Paris continue à ne pas donner de théâtre à Antoine, Antoine peut toujours venir ici, nous l'embauchons.

— Eh ! Le photographe, tu ne nous prends pas ? » Les deux plus beaux descendirent au pied de la case et posèrent. Ils avaient deux splendides gueules de fripouille. L'un tenait un poignard à la main.

Alors, ben Gadour, mon pousseur, authentique forçat, me montrant le joujou :

« Rigarde ! Il ne sait même pas li tenir. Ce n'est qu'un pied-de-biche ! »

18. UNE HISTOIRE

On avait fermé portes et volets. Il s'agissait ce soir, chez Pomme-à-Pain, de causer sérieusement et sans témoins. Le Chinois caissier n'était pas tranquille. Il boucha jusqu'aux trous de serrures.

Il y avait là des libérés et des relégués en rupture de camp. Et ce n'était pas par hasard que je me trouvais en leur société, les coudes sur cette table gluante. Aujourd'hui, par des procédés tenant du labyrinthe, ils m'avaient fait savoir qu'ils m'attendraient.

« Voici l'histoire, monsieur. Elle est toute neuve. Si l'on *contre-appelle*, je risque trente jours de blockhaus. Mais je devais vous l'apporter. C'était mon devoir. Rénouart, un pied-de-biche, avait posé, l'avant-dernière nuit, à Saint-Jean, des pièges pour le gibier. Ce n'est pas une nouveauté. Quand on prend un pack, un agouti, on est bien content. C'est notre seule façon de chasser, à nous, qui n'avons pas de fusils ! Rénouart s'en va donc, ce matin, voir si le gibier avait donné.

Mais, derrière un arbre, embusqué, il trouva le surveillant X. Le chef chassait, lui aussi, mais avec un fusil.

— Misérable ! crie-t-il. Je savais que je te pincerais. Alors tu poses des pièges pour mon chien, maintenant !

— Chef ! dit Rénouart, ce piège n'est pas pour votre chien, mais pour les packs.

— Tu vas le payer cher, crie le garde-chiourme. »

Et il ajuste Rénouart.

« Je vous jure ! Chef ! Je vous jure !… Ayez pitié !

— Alors, tu vas me donner deux cents francs si tu veux avoir la vie sauve.

— Oui, chef ! Mais je ne les ai pas sur moi. Ils sont à la case, dans ma boîte. Et je n'ai que 180 francs, chef !

— Va les chercher, je t'attends ici. »

Rénouart courut. Mais en route il eut comme une révolte intérieure.

« Eh bien ! non ! fit-il, non ! Je vais le dénoncer.

Il descendit chez le commandant.

Le commandant se rendit au rendez-vous, il y trouva son surveillant, fusil en mains, qui attendait cent quatre vingts francs.

« Qu'est devenu le surveillant ?

— Il surveille toujours. Contrôlez l'histoire, monsieur, et si j'ai dit vrai, racontez-la. »

Je l'ai racontée.

19. MON « GARÇON DE FAMILLE » ET QUELQUES AUTRES

Un jour que je demandais à un vieux et cher camarade ayant fait tous les métiers :

« On ne t'a jamais reconnu quand tu étais garçon ?

— Sache que l'on ne regarde pas un domestique. »

Ce n'est pas le cas en Guyane.

Je dînais chez le gouverneur, ce soir, à Cayenne.

Discret, correct, ganté de blanc, un jeune maître d'hôtel qui n'aurait en rien déparé la corbeille des invités, opérait avec aisance des virevoltes dans la salle.

Au moment où, souriant, il passait le plat à M. le procureur général :

« Qu'a-t-il fait, le vôtre ? Demandai-je à Mme le gouverneur.

— Oh ! Il a tué un agent de police, je crois. »

Et le procureur général s'étant servi lui dit : « Merci ! »

— C'est un garçon très bien. Je suis encore à lui faire un reproche.

Et je partis pour les îles du Salut.

Là, un ménage (fonctionnaires) était en lutte contre le commandant qui leur avait enlevé leur « garçon de famille », Medge, de la bande Bonnot, pour l'envoyer, en punition, à Saint-Joseph.

Ce Medge exploitait les parents des bagnards, se faisait adresser de l'argent pour le repasser à leur fils.

Les billets de banque arrivaient au bagne de cent manières. La plus jolie est la photographie de « la petite fille ». Un billet est entre papier et carton. Le photographe a mis deux belles ailes au dos de l'enfant. Pauvre ange ! Ton offrande ne volera pas jusqu'à ton père. On connaît le « truc ».

Medge, évidemment, s'appropriait les fafiots.

« Eh ! oui, fit le commandant, depuis qu'il n'a plus Medge, ce ménage est malade. Ni l'un ni l'autre ne peuvent s'en passer, ils me bombardent de réclamations. »

Et je partis à Saint-Laurent-du-Maroni.

« Quelle vie, me dit Mme Lasserre, femme du chirurgien. Depuis deux ans, je ne puis m'y faire. Ainsi, l'autre jour, mon mari s'absente. Pour la première fois, je reste seule la nuit dans cette maison, au bagne. Plutôt je n'étais pas seule, et c'est de là que vint mon épouvante. Il y avait aussi, dans la cuisine, notre « garçon de famille », un grand assassin, monsieur ! Il avait une fiche ignoble, deux crimes. Oh ! Cet André ! Alors, je me mis à crier, à crier. Et voilà qu'il arrive, lui, André, l'assassin. « Oh ! Madame, dit-il, Madame n'ayez pas peur, je suis là. » Je balbutiai.

« Madame, dit-il, je vais apporter mon matelas et dormir contre votre porte, je vous promets que personne ne passera. » Il le fit. Et toute la nuit je fus protégée par l'homme qui me terrifiait. »

« Bonsoir, monsieur Rico.

— Eh ! Bonsoir ! »

M. Rico est le pharmacien de la transportation.

C'était une vieille connaissance, nous étant rencontrés naguère, sur le chemin d'Annam.

« Vous ne savez pas où vous dînerez ce soir ? »

Pas de restaurant à Saint-Laurent, alors, on rôde, entre six et sept heures, dans l'espoir du bon Samaritain.

« Pas encore !

— Je vous emmène. »

Rico avait deux « garçons de famille ».

« Un couvert ! » commanda-t-il.

Je dérangeais visiblement les deux lascars.

Je m'assis devant une assiette.

« Pas là, monsieur », fit le plus grand.

J'allai devant l'autre assiette.

« Ah ! » fit Rico, en prenant sa serviette. Tout un attirail dégringola.

« Qu'est-ce que c'est que ça ? »

C'était une règle en bois de lettre moucheté, un coupe-papier en bois de rose, un porte-plume de plus en plus en bois, un cachet. Chaque pièce était marquée à ses initiales. Et, dans une boîte, était une pipe.

Les lascars, sous leur camisole, pieds nus, demeuraient timides et souriants.

Ils dirent : « C'est pour votre fête, monsieur.

— C'est vrai, fit Rico, c'est ma fête. »

Les coloniaux solitaires n'ont pas l'habitude de ces jours-là ; alors, ils ne savent pas.

« Qui envoie ça ?

— C'est nous, monsieur.

— Ah ! » fit Rico, dont un sourire vernit le visage.

Après vingt ans de courses à travers le monde, deux bagnards, les premiers, avaient pensé qu'il s'appelait Paul.

« C'est nous qui avons fait ça, dit le grand, un assassin.

— Et la pipe ?

— C'est moi », dit le petit, un assassin.

Bref, nous passâmes tous quatre une bonne soirée.

Je ne préciserai pas où j'ai rencontré celui-ci, car il ne sait encore s'il dira son histoire à la justice. C'était un grand et vieil échalas.

« Voilà, j'ai été condamné pour un crime que je n'ai pas commis, vu que, pendant qu'on tuait cet homme-là, je guettais, à vingt kilomètres du lieu, un garde-chasse pour le descendre, et vu que, au bout de deux jours de guet, je descendis le garde-chasse.

— Bien.

— Seulement, pour le garde-chasse, il y aurait eu préméditation et c'était la mort, tandis que pour l'autre, vu que je ne l'ai jamais connu, on n'a pu établir la préméditation et c'était seulement la perpétuité.

— Alors ?

— Laissez-moi finir. J'ai tué le garde-chasse, vu que, vingt jours avant, il m'avait envoyé une charge de plomb dans les fesses. Les deux crimes ont eu lieu en même temps, et comme naturellement j'avais été absent deux jours de ma maison, on a vu en moi l'assassin de l'inconnu. Les empreintes digitales ne collaient pas du tout, mais on passa dessus. Et comme le juge ne pouvait trouver la moindre raison logique à mon crime, j'ai dit que j'étais saoul.

— Bien.

— Maintenant il y a prescription pour mon vrai crime. Dois-je raconter l'histoire, ne dois-je pas ? Je me tâte, vu que j'ai soixante-deux ans, une bonne place, *la chance d'être à perpétuité*, que je ne serai donc jamais libéré, et que, jusqu'à la fin de mes jours, j'aurai à boire, à manger et à dormir. Donnez-moi un conseil. »

Le mien

Le mien s'appelait Ginioux. Il se balançait toujours comme un ours. S'il ne se fût montré farouche ennemi des chats, je l'aurais bien aimé. Toutes les nuits, guettant le fauve, il se baladait par la maison, un gros bâton à la main. Hier, à deux heures du matin, dressé sous ma moustiquaire, on aurait pu m'entendre crier : « Ginioux, si tu continues de casser les reins aux chats, je te casse la figure. » Ginioux partit se coucher.

Un soir que je n'avais trouvé personne qui m'offrît à dîner, Ginioux alla me chercher des œufs et une boîte de crabes. Comme il m'apportait douze œufs, je lui demandai s'il ne perdait pas sa noble boule.

« C'est pour choisir, dit-il. Ce sont des œufs de Chinois. »

On brisa les coquilles. Les douze œufs étaient pourris. Alors, comme il ne me restait plus rien à faire, j'interrogeai Ginioux.

« Et toi ! Mon vieux Ginioux, qu'est-ce qui t'a amené ici ? »

Ginioux avait une tête comme une bille de billard qui aurait des yeux. Il dansa sur ses pieds nus et commença :

« À huit ans, j'étais aveugle. Tout d'un coup, mon père se rappela que ma mère avait promis un pèlerinage à Notre-Dame des Grâces de Pont-Saint-Esprit, et que ce pèlerinage elle n'avait pu le faire parce qu'elle était morte avant. Il y alla. Il se mit à genoux et pria. Deux jours après, je voyais. Les médecins dirent que c'était leur pommade, mais moi je sais bien que c'est la prière de mon père.

Je n'ai pas eu de chance, je n'ai jamais eu de chance. Mais j'étais un bon enfant. Je n'ai reçu qu'un reproche de mon père.

Ce fut après mon affaire. Il m'écrivit : « Tu te rappelles les nuits que j'ai passées près de toi, tu te rappelles Notre-Dame des Grâces. Tu avais oublié sans doute tout cela, à l'heure de ta folie. » Eh bien ! Il est mort de mon histoire. Il est mort à quatre-vingt-six ans. Sa dernière sortie fut pour me voir passer aux assises. Il était sacristain, il faisait les baptêmes, les mariages, les enterrements, tout ! »

La pluie descendant comme des cordes raides, Ginioux baissa les stores de la véranda.

« Je suis ici depuis dix-sept ans. Je suis venu avec Ulbach, vous savez Ulbach, ce monsieur très bien qui avait donné des poisons à sa maîtresse et que sa maîtresse s'en est servi pour tuer son mari. Il était condamné à vingt ans. Mais lui il a bien tourné. Il est réhabilité, il a pris une grande pharmacie à Cayenne et épousé la fille honorable d'un vrai fonctionnaire. Il était venu comme moi. Il est maintenant comme le plus honnête, voilà !

— Mais, Ginioux, qu'est-ce que tu as fait ?

— J'ai tué la fille de ma patronne. J'étais domestique de ferme. Elle ne voulait pas que je me marie avec la petite bonne. « Mademoiselle » était une vieille bigote.

Ah ! Je n'ai pas eu de chance. On a dit que j'étais anarchiste, moi qui ne lisais que la *Croix de Provence*, le *Pèlerin*, le *Nouvelliste de Lyon* !

J'ai passé en assises, l'après midi : Ah ! Pas de chance, pas de chance. Le matin, la cour en avait acquitté un pour viol ; alors, manifestation de la foule qui cria : « À mort ! À mort ! » L'après-midi, j'ai tout pris.

— Comment l'as-tu tuée ? D'un coup de revolver ?

— Non, étranglée seulement. »

Et, ramenant sur sa poitrine ses dix doigts comme deux serres d'aigle :

« Étranglée sous ses couvertures, comme ça ! Pas une trace, pas une goutte de sang ! »

Je bus un coup de tafia.

« Mais, maintenant, dit-il en se dandinant, des messieurs très bien me parlent dans les rues de Saint-Laurent. Alors, je suis obligé de leur répondre, n'est-ce pas ? »

20. CHEZ LES LÉPREUX

Cette petite île a l'air d'un jouet.

Pour préserver son teint du soleil, vingt arbres, au-dessus d'elle, ont ouvert leurs branches comme vingt parasols.

Une quinzaine de maisons miniatures sont blotties dans l'ombrage. Si la marquise de Pompadour glissait ce matin sur le Maroni, en compagnie du Bien-Aimé : « Oh ! Seigneur, lui dirait-elle, achetez-la-moi, pour m'amuser. »

C'est l'îlet Saint-Louis des lépreux.

La barque nous attend. Le surveillant n'est pas gracieux. L'îlet se surveille de la rive seulement.

« Alors, vous voulez y aller quand même ? »

Trois voix répondent :

« Puisqu'on vous le dit ! »

C'était le docteur, le pasteur et le *reporteur*.

« Arme le canot ! » crie le surveillant, et son mouvement de mâchoires est tel qu'il n'en n'aurait pas de pire s'il arrachait un bifteack à la cuisse du voisin.

Ce bout du Maroni ne semblait rien à traverser. Nous comptions sans le *doucin*. Les doucins sont les crues. Amazone, Oyapock, Maroni, Mana, Surinam, Demerara, ces fleuves prodigieux d'Amérique du Sud, sont fort méchants aux hautes eaux. Nous fîmes deux fois le tour de l'îlet avant de pouvoir aborder. Nous avions l'air de lui lancer le lasso.

Vingt forçats lépreux — un par arbre — étaient en train de perdre ici leur figure humaine.

Nous les trouverons. Ils sont rentrés puisqu'il est sept heures du matin.

Leurs nuits

Chaque nuit, ils s'en vont sur une barque invisible de jour. Le jour, ils l'immergent, jamais au même endroit ; le soir, ils la repêchent et à eux l'oubli ! Ils se rendent au village chinois de Saint-Laurent. Et là, ils jouent, boivent et *reboivent*. Il faut voir ces baraques tremblantes sous les lumignons qui puent. Des Célestes de troisième classe, arrivant droit des égouts de Canton, mélangent, dans un grand fracas d'os les domino-pocker sur des tables graisseuses. Derrière son zinc, qui est en bois, et sa machine à compter, le patron…

« D'où es-tu, toi ?

— De Moukden. »

Le patron, qui est de Moukden, tend les deux mains à la fois et ne donne le *sec* (verre de tafia) que lorsqu'il a reçu l'argent. Un libéré, debout, poitrine nue, *sec* en main, hoquette un vieil air — l'homme est sur la rive depuis vingt ans — des concerts démolis de la périphérie parisienne. Un Noir en extase et en faux col empesé soutient l'élégance du lieu. Des nègres bosch venant de « la Hollande », pagne en loques, cinq ou six cornes de cheveux sur le crâne (genre bigoudi), opposent à leur boschesse, nudité sombre, la résistance de l'ivrogne qui ne veut pas rentrer encore. Ils étaient sages naguère, mais ils gagnent de l'or à descendre des lingots et, maintenant, la civilisation a ouvert boutique chez eux !… Alors, on voit cinq ou six masques se faufiler par la petite porte.

Ce sont les lépreux de l'île Saint-Louis. Il en est qui portent une paire de poulets. Ils n'ont pas d'argent, ils boiront pour deux poulets. Onze heures du soir. L'enfant de Moukden verrouille sa porte. C'est au complet. Cependant, les lépreux restés dans l'île ne dorment pas. Ils prêtent l'oreille.

De la brousse française, en face, presque chaque nuit, montent des cris. On dirait les cris des singes rouges. C'est l'appel de l'évadé. Le forçat imite si textuellement la bête que le lépreux ne bouge pas tout de suite. Il attend la *nuance* qui lui ôtera le dernier doute. Alors, ayant remonté sa barque noyée — ils ont deux barques — il s'en ira, frôlant le rayon de lune, chercher l'autre ombre, qu'il passera sur « la Hollande », pour cinq francs.

On accosta. Le sol était raviné. Il avait la lèpre, lui aussi. Devant la première maison, un interné cuisait la soupe.

Ils sont maîtres d'eux-mêmes. Aucun surveillant. Tous les deux jours, la barque de vivres arrive. Sans débarquer, les canotiers jettent à terre la cuisse de bœuf, le pain, le riz, et décampent. Alors descendent les pustuleux ; ils ramassent la nourriture et la partagent en frères. Pas de cuisine commune ni de popotes. Chacun son pot de terre. Ils se dégoûtent les uns les autres.

« Eh bien ! Mon vieux, dit le docteur Morin, et l'appétit ?

— Petit, petit…

— Fais voir ton front. Hum ! Regardez ces taches roses. Pas grand-chose, celui-là. Fais voir tes doigts. Oui. Fais voir tes pieds. Est-ce qu'on t'a piqué, cette semaine.

— J'aime mieux les purges. »

Quel goût peuvent-ils trouver aux purges, dans ces bagnes ? Fous, lépreux, blessés, paralytiques, bien portants, tous veulent des purges…

« Tiens ! Voilà le chanteur de l'îlet… Bonjour, Galibert ! Je t'amène des visites, aujourd'hui …

— C'est-y qui z'en veulent, ces messieurs ?

— On vient vous voir, dit le pasteur, parler avec vous, mes enfants.

— C'est toujours ça…

— M'sieur le major, dit Galibert, qu'est-ce que je fais dans ce dépotoir ? Êtes-vous bien sûr que je l'aie ?

— Ce n'est pas grave, Galibert, tu es curable, mais je ne puis encore te désinterner. Regarde ta tache…

— C'est celle des autres surtout que je regarde, m'sieur le major. »

Celui-ci est tout défiguré. Les éléments de sa figure n'ont plus l'air d'être à leur place habituelle. Le nez est bien encore au milieu, les yeux de chaque côté, mais cela fait comme un masque de mi-carême qu'un coup de vent aurait déplacé.

« Eh ! bien ! Ça va mieux ?

— Ça n'empire pas ! » Répond le défiguré.

Les poules, — les poules qui payent les verres de *sec* dès onze heures du soir, chez le Chinois,— se baladent et picorent.

« Je parie que ce n'est pas vous qui les mangerez, ces poules ? dit le surveillant.

— Pensez-vous, chef ! Pour attraper la lèpre ! »

Voilà Audavin. Celui-là est classique : faciès léonin en plein, bouffissures, pommettes pendantes, oreilles descendues, nez qui fond. Il a l'air d'être en cuir repoussé.

C'est un Arabe. Chez les Arabes surtout, la lèpre joue grand jeu. Il a des écailles sur les mains. Lion et poisson.

Messaoud lui donne la réplique. Ils n'avaient rien de commun, paraît-il, avant la chose. Maintenant, ce sont deux jumeaux.

Beaucoup perdent les sourcils, d'autres, non. Le fléau est capricieux.

« Monsieur le pasteur, dit l'un, dont les pieds sont rongés, donnez-moi un Coran. »

Le pasteur entend cette demande pour ta première fois de sa vie.

Il cherche à se ressaisir.

« Mon ami, je n'ai pas de Coran, moi. Docteur, vous ne savez pas où je pourrais trouver un Coran ?

— Écrivez à un marabout.

— C'est cela. Donnez-moi bien votre nom.

— Ben Messaoud.

— Je vais écrire à Alger. Vous aurez votre Coran, je vous le promets. »

Le pasteur envoie des clients au curé de Saint-Laurent, le curé en envoie au pasteur. Le malheur fond les religions.

Le moins atteint était l'infirmier.

« Viens, dit le docteur, je vais encore te montrer comment on fait les piqûres. Amenez-vous les gars, je vais vous piquer.

— Est-ce qu'on découvrira enfin le remède, m'sieur le major ?

— On cherche. Je cherche moi aussi. Espérez et même je vous apporte une bonne nouvelle. On a trouvé quelque chose. Oui. Cela s'appelle le *Chaoulmoogra*. C'est la sève d'un arbre qui pousse dans les îles de la Sonde, vous savez, là-bas, bien loin, à Java, à Sumatra… »

Le docteur piquait tout en parlant.

« Je crois, cette fois, qu'on « la » tient. J'ai commandé des ampoules. »

Tous, en écoutant, reprenaient presque figure humaine.

« Elles vont venir. Patientez ! Il faut le temps. Ce n'est pas là, les Indes !

— Comment que vous appelez ça, m'sieur le major ?

— Chaoulmoogra.

— Chameau gras ! Un drôle de nom pour guérir. »

Ils n'étaient que douze dehors. Nous allâmes dans les maisons voir les autres.

Il faut que ces hommes horribles inspirent bien de la pitié : ils ont presque un lit.

« Chef ! demande celui-là, vous n'auriez pas un peu de verdure, des épinards ?

— Je voudrais bien, Galland, mais où veux-tu que je trouve des épinards dans ce pays ?

— Ah ! Il y en avait tant, chez moi ! »

À leurs murs sont épinglés quantité de portraits de femmes, de ces petits portraits glacés qui accompagnent les paquets de cigarettes d'Algérie.

Celui-ci, répugnant, dont on ne sait plus si la barbe ronge la peau ou la peau ronge la barbe, a collé, au-dessus de son lit, un portrait de Gaby Deslys. Le montrant, il dit :

« Ça vaut bien mieux que de se regarder dans la glace. »

Ce n'est pas trop sale dans leurs petites maisons.

Le pasteur avait des brochures à la main.

« De quoi qu'ça parle, vos petits carnets, monsieur le pasteur ?

— De bonnes et vraies choses. Que la vie n'est pas tout et que l'on peut être très heureux après.

— Alors, donnez-m'en un ! »

Il ne nous restait qu'une maison à visiter.

Quelque chose, tête recouverte d'un voile blanc, mains retournées et posées sur les genoux, était sur un lit dans la position d'un homme assis.

C'était le lépreux légendaire à la cagoule.

« C'est un Arabe ? demande le pasteur.

— Oh ! Non ! fait une voix angélique qui sort de derrière le voile, je suis de Lille. »

La photographie d'une femme élégante était posée sur sa table.

« Eh ! bien ! Ça va mieux ? »

Ses doigts étaient comme des cierges qui ont coulé.

« Lève ton voile un peu, mon ami, que je regarde. » Il le releva tout doucement, avec le dos de ses mains. Ses yeux n'étaient plus que deux pétales roses. Nous ne dirons pas davantage, vous permettez ?

Nous reprîmes la barque. Chacun de notre côté, nous chantonnions à la manière des gens qui sifflent, parce qu'ils ont peur.

Sur la rive, un homme attendait, assis sur l'herbe.

« Qu'est-ce que tu fais là, toi ? »

On voyait une petite tache rose sur son front.

« Je suis le nouveau ! » dit-il.

Et montrant l'îlet :

« J'y vais. »

21. SŒUR FLORENCE

« Comment ! Vous n'avez pas vu sœur Florence ? »

M. Dupé me donna le bras.

« Je vais vous y conduire. »

Dans le quartier administratif, un beau jardin prenait le frais sur le bord du trottoir. On poussa une petite porte de bois. C'est touchant, au pays des verrous une porte fragile !

Une clochette tinta. C'était à croire qu'une chèvre gambadait par là, une chèvre qui aurait eu une clochette au cou, naturellement.

« Bonjour, ma sœur ! Est-ce que votre Mère est ici ?

— Oh ! Oui, monsieur le commandant supérieur ! Dans le fond du jardin. »

De puissants manguiers, des fleurs de vives couleurs (je ne me lance pas dans la description, n'ayant jamais rien compris à la botannique. Si c'est beau, c'est suffisant.Tout ce qui est joli n'a pas besoin de nom). On se sentait dans une demeure de femmes.

De noir vêtue, croix sur la poitrine, parapluie servant d'ombrelle, voici Mère supérieure ! C'est sœur Florence, une femme qui en a vu !

Sœur Florence est Irlandaise. Depuis trente ans en Guyane, elle dirige le bagne des femmes.

« Oh ! Monsieur le commandant, quand je pense que c'est peut-être votre dernière visite !

— Alors, vous nous quittez, ma sœur, c'est définitif ?

— Hélas ! C'est le résultat de la visite de notre inspectrice. Plus de femmes au bagne, alors plus de sœurs. Au moins, si l'on me renvoyait à Cayenne ! Mais il faut obéir. Je rejoindrai notre maison, dans votre belle France.

— Ou'allez-vous faire de vos trois dernières pensionnaires ?

— C'est bien mon souci. Et je suis fort contente de vous voir. Nous allons arranger leur sort ensemble, monsieur le commandant.

On ne peut les jeter à la rue. Elles ne sont plus capables de travailler. L'hôpital n'en voudra pas, car je les ai bien soignées. Impossible de les emmener avec moi, vous vous y opposeriez. Je cherche, je demande à Dieu. Je ne vois rien.

— Vous avez deux reléguées et une transportée ?

— Oui.

— On pourrait envoyer les deux reléguées… Que pourrait-on faire d'elles ?

— Mon commandant, vous n'en savez pas davantage que moi. Allons les voir, peut-être nous donneront-elles une idée. »

Les trois dernières

Sept gentilles petites marches. Nous les gravissons. Dans une salle propre, deux vieilles en longue blouse blanche.

« Voici les deux reléguées.

— Bonjour, ma sœur.

— Bonjour, mes enfants.

— Ah ! Ma sœur ! Dire que vous allez partir !

— Les pauvres ! Elles sont dans tous leurs états. Mais le commandant s'occupera de vous.

— Voyons ! je pourrai les envoyer au Nouveau Camp. »

La Cour des miracles ! Ces deux ruines manquaient au tableau ! Je vois le spectacle d'ici.

« Monsieur le commandant, nous pouvons encore travailler. Je connais trois maisons, au village, qui nous prendraient pour laver le linge.

— Cela vaudrait mieux, fit la Mère, quoique vous ne soyez plus très agiles. Levez un peu vos blouses. Faites voir vos jambes. »

Elles avaient le gros pied : l'éléphantiasis.

« Ah ! Nous ne pouvons plus courir, font les deux anciennes.

— Et ma transportée ? Venez la voir. Elle doit être dans la cour aux poules. »

Elle y était. C'était une Hindoue.

Sur la grand-route on n'est jamais blasé. Plus les étonnements succèdent aux étonnements, plus ils sont vifs. Que faisait-elle, cette Hindoue, au bagne français ?

« Où êtes-vous née ?

— À Calcutta !

— Oui, dans sa jeunesse, elle est venue avec son mari, coolie à la Guadeloupe. Là, ils commirent leur crime. Elle n'était que complice. Encore une victime des hommes, messieurs ! Alors, qu'allez-vous faire de ma pauvre vieille ?

— Gardez-moi, ma Mère !

— Je lui trouverai une place ! » fit le commandant.

Nous nous promenions dans le beau jardin.

« Venez voir mes gosses. »

Depuis que sœur Florence ne reçoit plus de clientes, elle a monté un orphelinat.

Ce n'est pas un luxe en ces pays. Aux colonies, pour être orphelins, nul besoin que père et mère soient morts. Le père vient même voir quelquefois son petit orphelin, qui lui dit : « Bonjour, parrain ! »

« Vous ne reconnaissez pas celui-ci ? (celui-ci était presque blanc). Allons ! dit la sœur avec un petit sourire en coin, regardez bien la ressemblance ! Voyons ! Ah ! Vous avez trouvé ! »

Un autre loupiot passa.

« Viens ici, vilain petit fils. Ose répéter devant M. le commandant ce que tu as dit hier. Hier, il a dit : « J'attends d'être grand et fort pour tuer sœur Florence. »

« Non ! Je ne l'ai pas dit !

— Il l'a dit ! Oh ! La mauvaise petite tête ! Allons ! Va jouer. »

Le parloir

Il se mit à pleuvoir. Nous nous abritâmes sous un kiosque.

« La plus harpie que j'aie jamais eue ? Attendez ! J'en ai eu tant ! Je crois bien que c'est la petite qui avait tué ses deux enfants et les avait donnés aux cochons !

Elles m'en ont fait voir, monsieur ; elles étaient plus malignes que les hommes. Elles s'évadaient par les trous des serrures ! Je vous assure bien que beaucoup sont parties sans que nous ayons su comment. Et puis, où cachaient-elles tout ce qu'elles cachaient ? Et elles fumaient, monsieur ! Elles me disaient :

— Ce n'est pas du tabac.

— Qu'est-ce que c'est ?

— Des faux cheveux ! »

Et pour tenir les jeunes !... Elles fuyaient comme des chattes, par moments. Elles restaient des cinq jours dehors. Quand elles rentraient :

— D'où revenez-vous ?

— De voir mon amoureux ! »

Oh ! Mon Dieu ! Et leurs chansons n'étaient pas des cantiques ... J'en rougissais pour mes jeunes petites sœurs... Encore, moi, je ne comprenais pas bien : je suis Irlandaise !

— Et ce kiosque, ma sœur. Expliquez à votre visiteur à quoi il servait.

— C'était le parloir ! Quelle cérémonie « !

Après six mois de bonne conduite, ces dames avaient droit de *faire parloir*.

Chaque jeudi, de neuf heures à onze heures du matin, les « autorisées » venaient sous ce kiosque.

Les libérés (c'était la loi alors) pénétraient dans le jardin. Ils venaient choisir une femme.

Ah ! Où prenaient-elles tout ce qui change la figure ? Elles se passaient des bâtons sur leurs lèvres et leurs lèvres devenaient toutes rouges ! Elles « enfarinaient » leur visage, elles ne marchaient plus de la même façon, se promenaient comme ça (sœur Florence, légèrement, caricatura ses clientes). Je ne les reconnaissais plus, moi ! C'étaient d'autres créatures. Et elles faisaient des mines !

Le libéré passait. Oh ! C'était vite enlevé : il disait : « Celle-ci me plaît. » C'était toujours la plus mauvaise !

— Elle acceptait ?

— Immédiatement ! Trop contente ! Alors, on les mariait.

— Tout de suite ?

— Heureusement !

— Et cela ne donna jamais de bons résultats, fit M. Dupé.

— Hélas ! Elles épousaient celui qui les sortait d'ici, et deux jours après, le même jour parfois, allaient chez un autre qu'elles connaissaient. Ce qu'il fallait voir, sous l'œil de Notre-Seigneur !

Nous souhaitâmes bon voyage à sœur Florence.

— Pensez à mes trois pauvres vieilles, monsieur le commandant. Elles étaient ici depuis vingt ans.

— Et vous, ma sœur, depuis trente.

— Mais, moi, c'était pour le Bon Dieu. »

22. AU CINÉMA

Ce soir, au cinéma, film à grand spectacle, à multiples épisodes. Sensationnel ! Admirable ! Production française et brevetée ! Foule de personnages ! Dramatique ! Captivant ! Ensorcelant ! Féerique et en couleurs !

Habitants de Saint-Laurent-du-Maroni, enfants, parents et domestiques, honorables messieurs et honorées dames, chefs, sous-chefs, bas-chefs, *et cœtera, et cœtera,* à huit heures et demie, tous en chœur et au guichet !

C'est un libéré qui aboie ainsi aux coins des rues. Il aura toujours gagné vingt sous pour aller lui-même, tout à l'heure, au cinéma.

L'affiche annonce : *L'Âme de bronze*. Un héros fort en muscles cavalcade au milieu de canons et de munitions. Cette lithographie ne plaît pas à Honorat Boucon, ex-forçat, directeur de l'Aide Sociale, rédacteur en chef de l'*Effort Guyanais* (iiie fascicule), lauréat de l'Académie française, et autrement nommé : la Muse du Bagne.

La Muse du Bagne pue le tafia à trois kilomètres sept cents.

« Est-ce un film à produire ici (son langage est châtié). Que viennent faire chez nous ces instruments militaristes ? Je proteste !

— Ça va, mon vieux ! Ça va ! lui crie un colonial, de l'intérieur de la baraque.

— Et ce citoyen venu de Paris voir le bagne, croyez-vous que cela soit sérieux aussi ? Moins que rien, voilà ce qu'il est. J'ai l'habitude de juger les hommes et sais ce que je dis. »

J'étais dans la boutique. Les comptoirs ont peu de jour, à cause du lourd soleil. Et l'on est bien, assis à l'ombre, sur des rouleaux de balata.

« Un journaliste ! Mais non ! Un prévoyant. Il est venu retenir sa place. Ah ! Les poires, qui croient à son miracle ! Vous ne l'avez donc pas regardé ; quelle belle fleur… de fumier ! Et dire qu'on le tolère parmi nous ! »

Honorat Boucon, dans le monde bagnard, est le seul ennemi que j'ai en Guyane.

Un matin, vers sept heures, alors que j'étais encore sous ma moustiquaire, je vis entrer dans ma chambre un petit homme, à la figure ravagée.

« Ah ! Vous êtes encore couché, me dit-il. Bien. Ne vous dérangez pas. Je suis Honorat Boucon. Vous avez entendu parler de moi, n'est-ce pas. ?

— Vaguement, mon vieux, vaguement. Laisse-moi dormir. »

Il s'en alla.

À neuf heures, le petit homme rappliqua.

« Bonjour, dit-il. Donnez-moi une cigarette. Et maintenant causons. Je vais vous faire vos articles. Vous pensez si je connais le sujet, je suis là depuis vingt ans. Vous n'aurez pas à bouger ; je vous apporte le travail tout mastiqué, sept ou huit colonnes. Vous m'en direz des nouvelles. Je suis lauréat de l'Académie française. »

Je partis prendre une douche. Tandis que l'eau tombait d'une vieille lessiveuse perchée sur une échelle, le lauréat Boucon me criait :

« Alors, c'est entendu, n'est-ce pas ? Je fais votre travail ?

— La barbe ! Mon vieux. La barbe ! »

Le lendemain, Honorat Boucon fit sa troisième entrée dans mes vastes appartements. Il était porteur d'une imposante serviette en peau de puma.

« Dites, mon vieux, vous vous lavez la bouche avec du tafia, le matin ?

— Quoi ! fit-il, sentirais-je le rhum ?

— Comme une distillerie. »

Et, posant sa serviette :

« J'apporte le plan ! D'abord…

— Assez blagué !

— Seriez-vous prévenu contre moi ?

— Mais non !

— Alors, monsieur opère lui-même ?

— Allez-vous-en. »

Le surlendemain, Honorat Boucon, pour la quatrième fois…

Alors j'appelai Ginioux, mon garçon de famille.

« Ginioux ! fiche-moi le lauréat de l'Académie française à la porte ! »

Mon ennemi était né.

Mais voici huit heures trente. Les libérés, un billet de vingt sous à la main, gagnent le cinéma. C'est tout ce qu'ils peuvent s'offrir de l'autre vie !

Pas de brouhaha. Aucune gaîté. Le châtiment les a bien matés.

La salle est une baraque. L'écran est plutôt gris que blanc. Mais il en est parmi ces spectateurs qui n'ont jamais vu d'autre écran. Il y a des forçats plus vieux que le cinéma.

Les places de galeries sont réservées au peuple libre, mais le peuple libre ne vient jamais. Forçats et noirs, voilà la clientèle.

Ils sont tassés sur des bancs.

L'orchestre est celui du bas Casséco : une clarinette, un violon, une boîte à clous : *Hing ! zinc ! hing ! L'Âme de bronze* déroule ses épisodes. Le film ne déchaîne pas un enthousiasme délirant. On voit passer entre les rangs des bouteilles de tafia. Ils boivent au goulot, dans l'obscurité. Hing ! zinc ! hing !

L'Âme de bronze est finie.

« Ah ! Ah ! »

C'est l'annonce d'un film d'aventures.

Un amoureux se fait bandit pour gagner le cœur de sa belle.

L'attention devient aiguë.

Quand le héros s'apprête à escalader la fenêtre, de la salle une voix le prévient.

« Regarde en arrière ! Tu vas t'faire poisser ! »

Le faux bandit est dans la place. On l'aperçoit à travers les vitres d'une véranda, une femme passe.

« Attention ! » On croirait entendre les enfants prévenir Guignol de l'arrivée du gendarme.

Le héros du drame entre dans l'appartement et saute sur la femme, qu'il terrasse.

« Bâillonne-la, mais ne la tue pas ! »

Celui-ci doit savoir ce qu'il en coûte !

Le cambrioleur mondain continue sa ronde. Il a l'air de faire sauter les serrures d'un coup de pouce. Il ne sait pas le public de connaisseurs devant qui il joue, le malheureux !

La salle ne le prend plus au sérieux. Elle ricane. Et l'un des libérés traduit le sentiment unanime :

« Du chiqué ! Ce n'est pas possible ! »

23. AU TRIBUNAL MARITIME

« Faites entrer l'accusé ! »

Par la porte donnant sur la cour du camp, on voit un forçat jeter à terre son chapeau de tresse. Pieds nus, il pénètre dans le sanctuaire rectangulaire de la justice. Le gars a l'air ému, mais c'est de la frime.

« Vos nom, prénoms et matricule.

— Hernandez Gregorio, 43.938.

— Bien. Asseyez-vous. Et soyez attentif à ce qui va vous être lu.

Tous les six mois, siège à Saint-Laurent le tribunal maritime.

Le capitaine Maïssa, des marsouins, le préside.

« Accusé, levez-vous. Vous avez entendu l'acte d'accusation. Vous pouvez dire tout ce que vous jugerez bon à votre défense.

— Mon capitaine, je m'suis évadé.

— Oui, mais, en outre, vous avez volé, une nuit, au marché de Cayenne, un sac contenant des sapotilles, des mangues, des oignons, des pois chiches, des bananes et du manioc.

— J'savais même pas qu'i contenait tout ça !

— C’est ce qui ressort des dépositions de dame Andouille Camonille, née à la Martinique, et de dame Comestible Léonie, née également à la Martinique.

— J’connais pas ces dames.

— Vous reconnaissez avoir volé ?

— Y avait cinq jours que n’mangeais pas, ce n’était pas pour voler, mais pour manger.

— Où étiez-vous pendant votre évasion ?

— À Montabo.

— Évidemment. Qu’est-ce que vous allez tous faire à Montabo ? C’est donc si joli que ça ?

— On sait même pas ce qu’on va y faire.

— Je vais vous le dire, moi. Vous allez à Montabo, parce qu’à Montabo vous trouvez l’association des « Frères de la côte ». On vous y vend de faux papiers. On prépare des canots. Et je vais même vous fournir une circonstance atténuante à laquelle vous ne pensez pas. Si vous avez volé, ce n’est pas pour vous, c’est pour la bande. La bande vous a dit : « T’es le dernier arrivé, va nous chercher de la bidoche. » Et vous ne lui rapportiez que des légumes !

— Capitaine, vous êtes trop malin !

— Bon, asseyez-vous. »

La parole est à la défense.

Le tribunal maritime ressemble à une chapelle.

À la place du chœur, le capitaine et ses assistants. En bas, au-dessous de trois marches, bancs à droite, bancs à gauche. À droite, accusés et témoins ; à gauche, la défense. Et au fond, cinq suisses noirs : cinq soldats de Guyane, baïonnette au canon.

Alors, un homme se soulève à peine. On le dirait en pleine crise de rhumatismes :

« Je demande l’indulgence du tribunal pour mon client. »

C’est un surveillant.

« La parole est à M. le commissaire du gouvernement. »

Le commissaire du gouvernement possède également des reins nickelés. Il dit entre ses dents :

« Qu'on rende son piston à l'oie. »

Au bout de cinq jours j'ai compris qu'il voulait dire :

« Je demande l'application de la loi.

— Emmenez l'accusé !

L'accusé sort tout contrit. Sitôt dans la cour du camp, il roule une cigarette, chausse une paire de savates et dit aux surveillants : « Ça va bien ! »

« Curatore ! Depuis dix ans que vous êtes aux travaux forcés, vous vous êtes évadé… Attendez que je compte : une, deux, trois, quatre, cinq, six fois. Vous vous présentez devant nous aujourd'hui pour votre septième évasion. Qu'avez-vous à dire ?

— Je m'évade parce qu'on ne veut pas adopter les nouveaux procédés de travail à grand rendement.

— Vous n'avez rien à ajouter pour votre défense ? »

Curatore, dit Gallina, a le sourire.

« Je vais dire comment j'ai fait : J'étais dans le canot qui m'emmenait chez les « Incos ». Le surveillant regardait les perroquets sur les branches. Je me suis démenotté, j'ai piqué une tête dans le fleuve et me suis barré. Le chef a bien tiré, mais on n'attrape pas les poissons au revolver.

« C'est tout ?

— J'ajoute que je regrette…

— Mais vous regrettez toutes les fois !

— Eh bien ! Je regrette pour la septième fois.

— Emmenez l'accusé. »

« Guidi, vous êtes accusé de meurtre sur la personne du transporté Launay, votre codétenu à Saint-Joseph. »

Guidi est une grande perche de quarante-cinq ans et ressemble à une autruche qui aurait la tête de Guidi.

« Qu'avez-vous à dire pour votre défense ?

— J'ai simplement sauvé ma vie. »

Ceci est une affaire de mœurs. Évasions, affaires de mœurs : rengaines de ce tribunal.

« Comment cela s'est-il passé ?

— Launay m'en voulait à mort. Il m'accusait…

— Bon ! Nous savons. Passons. Toujours des combats en l'honneur de la Belle Hélène !

— Depuis un mois, il me menaçait de me faire la peau. Alors, ce soir-là, comme je rentrais de la corvée, Launay était derrière ses barreaux. Il m'insulta grossièrement, m'appelant : « Être infect ! Ventre putréfié !… »

— Passons !

— Alors, s'adressant au porte-clés : « Mais ouvre-moi donc la porte que je le crève ! »

— Et ce n'est pas plus difficile que cela. Le porte-clés lui ouvrit la porte ?

— Eh oui ! Et Launay se précipita sur moi comme un tigre aux yeux rouges, son couteau à la main. Alors je l'ai tué sans m'en apercevoir.

— Faites entrer les témoins. »

Être témoin est toujours une affaire, surtout quand on vient des îles. C'est une chance d'évasion !

La Belle Hélène entra, timide et jeune.

Il confirma le récit de Guidi ; le second apporta une précision.

« Depuis un mois, Launay avait juré dans la case qu'il éventrerait Guidi. Il disait : « J'ai une réputation d'homme, je veux la garder. À mon âge, faut rien laisser passer, ou l'on est cuit. »

— La parole est à la défense. »

Dans ces cas-là, l'as de la barre de Saint-Laurent, Me Lacour, qui peut se vanter de connaître son monde, donne de la voix :

« Messieurs du tribunal, mon capitaine, regardez Guidi, ce vieux forçat, regardez-le écroulé sous ses vieux jours… »

Guidi s'affaisse.

« Est-ce après vingt ans de bonne conduite, si sa vie n'avait réellement été en danger, qu'il aurait commis l'acte homicide ? Nous savons tous, hélas ! Ce qui se passe dans les cases… Guidi !… Guidi !…

— Guidi, qu'avez-vous à ajouter pour votre défense ? »

Guidi va parler. Me Lacour lui fait signe qu'il va tout déranger. Guidi s'en va, de plus en plus courbé… jusqu'à la porte.

Massé, libéré.

« Vous reconnaissez vous être évadé ?

— Oui, mon capitaine.

— Vous aviez pourtant trouvé une situation à Cayenne. Vous étiez bien noté.

— Oui, mon capitaine, je travaillais à la ligne téléphonique. Alors, j'avais comme toujours le récepteur à l'oreille quand j'entends : « Faut arrêter le libéré Massé ! » Je devins fou. On voulait m'arrêter parce que je fais ce que tout le monde fait, que je reçois de l'argent des familles pour le passer aux transportés. Alors, je suis parti en courant. J'ai marché jour et nuit. Je me suis trouvé cinq jours après devant le Maroni. J'ai traversé le Maroni. J'ai marché dans la brousse de Hollande, tout droit, sans carte, sans boussole, sans manger. J'étais fou. Je marchais les dents serrées. Je ne savais pas où j'allais, ce doit être sans doute pour cela et aussi parce que j'étais fou que j'ai trouvé. Neuf jours après le Maroni, je vis une ville. C'était Paramaribo. Cela m'a rendu la raison comme un choc. « Qu'est-ce que tu as fait ! me dis-je, tu n'avais plus que trois ans de doublage. Il faut que tu reviennes. » Et je suis allé me dénoncer deux heures après. C'est moi qui ai voulu revenir, mon capitaine.

— Tout cela est vrai, fit le capitaine.

— Messieurs du tribunal, mon capitaine — c'est Me Lacour — et ce que vous ne savez pas, je veux vous le dire. Massé se livrait à ce petit commerce d'argent pour aider sa vieille maman restée en France, pauvre et malheureuse. Tous les mois, Massé, un libéré, c'est-à-dire un homme plus misérable qu'un forçat, trouvait quarante francs pour envoyer là-bas, dans la petite chambre sans pétrole, à Ménilmontant où… »

Massé pleura.

« Emmenez l'accusé. »

Encore une affaire de mœurs.

Le défenseur est un jeune homme du peuple libre de Saint-Laurent. Il se lève et dit :

« J'ai vingt ans. Je suis trop jeune pour me mêler de ces affaires. Je demande le renvoi.

— Et moi, répond le forçat, je demande un seau d'eau et une botte de foin pour le défenseur ! »

Agression nocturne à main armée, dans une maison habitée.

« Faites entrer les accusés. »

Ce sont deux jeunes : Reinhard et Grange.

« J'ai à dire, mon capitaine, ce que vous savez. L'accusation est fausse. Voici la vérité. Grange premièrement n'y était pas. Moi, depuis neuf jours, je venais d'arriver au camp Saint-Maurice. Amar ben Salah, un libéré, rôda tout de suite autour de moi. Je suis jeune au bagne. Avant cette affaire j'ignorais tout des mœurs épouvantables d'ici. Viens chez moi cette nuit, me dit Amar, je te donnerai à manger. Et nous nous entendrons pour la culture. Je pourrai te prendre comme assigné.

À minuit je soulève une planche, je sors de la case et je gagne le carbet de l'Arabe.

Il me donne à manger. J'étais très content. Soudain il veut me saisir. Je ne comprenais pas pourquoi. Je me défends, lui…

— Passons, passons, dit te capitaine, nous connaissons ça.

— Comme il se faisait plus audacieux j'empoignai un sabre d'abatis qui se trouvait là et frappai. L'Arabe lâcha prise, je m'enfuis et réintégrai le camp.

— Introduisez le témoin. »

Amar ben Salah, l'œil oblique, le cheveu frisé, s'avança, sournoisement courbé.

« J'ai à dire, moi, que je ne connaissais pas ces gens-là et qu'ils sont venus à mon carbet pour m'attaquer.

— Vous mentez, Amar, fait le capitaine. Les témoins Briquet et Abdallag vous ont vu en grande conversation avec Reinhard, la veille de l'affaire. »

Amar est de plus en plus oblique.

Le capitaine lance :

« Quelle tête de faux témoin ! Considérez-vous heureux que je ne vous fasse pas arrêter. »

L'accusé dit :

« Mon capitaine, il prétend qu'il a reçu huit coups de sabre d'abatis. Un seul suffit à tuer un homme ! »

Maître Lacour se lève. Mais il voit que le tribunal est fixé. Il se rassoit.

« Emmenez les accusés. »

Le grand dégoûtant, faux témoin, demeurait à son banc.

« Voulez-vous f… le camp ! »

Évasions.

C'était un vieux paysan de France, un de ces paysans dont on pourrait jurer qu'ils ne vont pas une fois tous les trois ans au chef-lieu de leur sous-préfecture. Alors il commença presque en patois :

« Après avoir traversé le fleuve Colorado… »

C'était trop touchant. Sa cause était gagnée :

« Emmenez l'accusé. »

Un autre, Oé Lucien, qui avait arraché une partie du toit pour s'évader.

« Quel était votre métier ?

— Démolisseur ! »

Un ancien vieux de la vieille.

« Pourquoi vous êtes-vous évadé ? Vous savez bien qu'à votre âge la brousse tue.

— Je m'suis évadé, mon jeune capitaine, parce qu'à soixante et un ans, on ne fait plus monter un homme blanc sur un arbre pour abattre les cocos. »

Ramasani, hindou de Pondichéry.

« Le surveillant P. J. me demande de lui prêter cent francs. Je les lui prête. Comme je les lui réclame quatre mois après il m'accuse de chantage. »

Sur ces histoires-là, le tribunal aussi sait à quoi s'en tenir.

« Où est le surveillant ?

— En congé.

— Évidemment.

— Emmenez l'accusé.

— Oui, répond le citoyen de Pondichéry, mais j'aurai fait six mois de prévention. »

Le tribunal a délibéré.

Les accusés sont dans la cour. Un porte-clés frappe de son trousseau aux portes des cases pour obtenir le silence. Voici les jugements.

« Hernandez ! Six mois de prison.

— Curatore ! Cinq ans de travaux forcés. (Il s'en moque. Cela ne change rien à sa situation. N'oubliez pas la résidence perpétuelle pour ceux qui ont plus de sept ans. Curatore s'évadera une huitième fois.)

— Guidi (l'homme à la Belle Hélène). Six mois de réclusion.

— Massé (le libéré bon fils). Acquittés.

— Reinhard et Grange (les deux ingénus). Acquittés.

— Carré (l'Argonaute du Colorado). Acquitté.

— Le vieux aux noix de coco. Acquitté.

— Ramasani ! (le naïf de Pondichéry). Acquitté.

— Bravo ! » fait-on de l'intérieur des cases.

Et tous ensemble retournent au bagne : condamnés et acquittés.

24. J…

J… est un « Monsieur ».

Je veux dire qu'il en a l'air.

Il tomba dans le bagne au commencement du siècle.

C'est un Monsieur qui, voilà vingt ans, alors qu'il faisait sa cour à sa fiancée, lui préféra subitement son jeune frère.

Mais le père apparut, un soir, et comme c'était un haut magistrat, le délit lui sauta aux yeux.

J… fut chassé au milieu de l'indignation générale.

Mais J… aimait cette famille de province. Huit jours après il revint. Son mariage étant rompu, il supplia le frère de s'enfuir avec lui, histoire de ressusciter le voyage de noces. Scènes déchirantes. L'enfant hésite. J… n'hésite pas. Il tue l'enfant d'un coup de revolver : vingt ans de Travaux Forcés.

J… est licencié en droit.

Un chef de l'administration pénitentiaire, ayant découvert cette peau d'âne dans le dossier de J…, s'écria : Voilà mon affaire !

Ce fonctionnaire avait deux enfants à faire instruire. J… devint leur précepteur.

« Prenez garde, dit-on au père, vous savez pourquoi J… est ici ?

— Bah ! Bah ! dit le père, ici ce n'est pas comme ailleurs. Et J… est un homme bien élevé. »

Et dès lors, on put voir le transporté J… se promener sous les bambous de Saint-Laurent entre les deux jeunes innocents. Il formait leur esprit.

Au bout de peu de temps, le père au grand cœur s'aperçut qu'au lieu de faire asseoir ses élèves sur un banc, J… les prenait sur ses genoux.

Orage. Tonnerre et éclairs ! J… fut replongé au fond du bagne.

« Voilà J… », me dit-on rue Mélinon.

Il se promenait rêveur, tout à fait comme chez lui.

« Vous avez dit le mot : il est chez lui. Avec l'appui de sa famille, il serait rentré en France depuis longtemps s'il avait voulu.

— Il veut rester ici ?

— Jusqu'à sa mort.

— Par punition ?

— J… aime le bagne, vous ne comprenez pas ?

— …

— Voyons ! Dans quel pays trouverait-il ce que lui offre Saint-Laurent ? Des milliers de jeunes hommes à sa portée et tous les six mois un bateau qui lui en apporte six cents tout neufs… C'est le Paradis ! C'est lui qui le dit ! »

25. SIX ÉVADÉS DANS LA BROUSSE

« Le kokobé ! Le kokobé ! »

Remontant le Maroni, notre canot passait devant l'îlet Saint-Louis, le petit Bosch à cornes (cheveux crépus que séparent des bigoudis), debout à l'arrière de sa jonque, qui ici s'appelle canot, donna un coup de takari (godille).

Le kokobé, en créole bosch, c'est la lèpre.

Siretta, chercheur d'or et balatiste, montait dans les bois. Il m'avait pris sous son pomakari (toit du canot), en lapin. Il ne partait pas pour la grande tournée. Les placers en travail sont à vingt-deux jours d'ici, et le lapin, à l'arrivée, n'eût plus été très frais. Siretta n'allait qu'à trente-six heures de Saint-Laurent.

« Et trente-six pour revenir, bien entendu. Ça va ?

— Ça va. »

Siretta partait saigner des « bali. ».

Bientôt, les immenses forêts de Guyane verront périr leurs derniers arbres balata. C'était la fortune de la colonie (le balata est bien meilleur que la gutta). Il y en avait de quoi servir le monde entier pour l'éternité. Deux mesures auraient suffi pour conserver cette fortune : quelques postes dans les bois et un règlement pour la saignée. Elles furent prises… mais par les Hollandais. Alors, chez nous, pays de liberté, tous les nègres anglais des petites Antilles s'abattirent, de la Barbade, de Tobago, de Sainte-Lucie, de Grenade, de Saint-Martin, de la Trinité. II n'y avait qu'à venir, à tout saccager et à repartir (en territoire anglais) fortune faite.

On ne saignait pas les arbres, on les coupait.

Si l'on coupait également, à défaut d'autre chose, la carrière d'administrateurs aussi brillants, ce serait un juste retour des choses.

Donc, Bourillon et Siretta, jeunes français d'audace, prévoyant l'heure prochaine du tout dernier balata, se disent : « Si l'on essayait du bali ? »

Le bali est presque le balata, mais son lait est impur. Si, par l'intervention d'un procédé chimique, on pouvait extraire les impuretés de ce lait, le bali vaudrait le balata. Et c'est pourquoi, ce matin, Siretta m'emmenait avec lui, non que je sois chimiste, mais il montait dans les bois.

Au fil de l'eau

Arrivé au premier degrad (village au bord du fleuve), les trois Boschs du canot voulurent aborder.

« Marchez ! Tas de polygames ! »

Les Boschs ont une femme dans chaque degrad, jusqu'en haut, jusqu'aux placers. Si l'on écoutait leur cœur, le grand voyage ne durerait pas vingt-deux jours, mais quarante-quatre…

« Suis malade !

— Je te soignerai.

Ils continuèrent.

Les sirènes ne sont des monstres fabuleux que pour Homère qui, en définitive, n'était pas un reporter très sérieux. C'est tout simplement des lamentins. Il en est autant que vous voulez par ici. Cela ressemble à des phoques qui auraient une figure de femme diabolique. De longs cheveux épais comme des algues, retombent sur leurs épaules. On les voit souvent dressés, la moitié du corps hors de l'eau. Quelques-uns portent leur petit dans l'avant-nageoire et ils rient ! On en débite aux marchés de Cayenne, c'est très bon, ça ressemble à du veau !

Nous croisâmes un canot de Saramacas (tribu noire qui, de Mana, s'installa à Surinam). Ils descendaient des lingots d'or de chez Painpain, le fameux Painpain du placer Hav-Oua.

« Savez-vous le plus sûr moyen de faire de l'or ?

— En le cherchant.

— Ouais ! En montant un magasin. Quand un nouveau placer donne, qu'il y a rush de nègres, on élève une boutique à côté. On vend du tafia, des conserves, des bougies et du champagne. Ainsi l'or que trouvent les chercheurs, ils vous l'apportent contre vos bouteilles. »Là-dessus, Siretta allongea ses pieds et prit un livre. Que lisait cet aventurier ? Un livre de vers de Tristan Derème. En chambre, on lit des livres d'aventures ; sur la grand-route, des livres de chambre…

Tatou (tous les Boschs s'appellent Tatou) un vieux de soixante ans, amena le canot sur le bord de la rivière.

« Qu'est-ce que tu fais, Tatou ?

— Pour les feuilles.

— Tu es malade ?

— Oui. »

Tatou connaît sa rivière. Il sait où se trouvent les arbres qui guérissent et quand il passe devant, il cueille son médicament.

« Brave Tatou ! vieux compagnon ! Il était avec moi, l'autre saison, à Palofini. Savez-vous ce que veut dire Palofini ? C'est tout là-haut, près d'Inini. C'est l'endroit où, naturellement, quand on l'atteint, chacun se tait. Palofini : la parole est finie.

On passa là nuit dans un degrad.

L'hospitalité, en brousse, est acte naturel. Le Bosch, sans plus d'étonnement, voit arriver, à la nuit, les étoiles du ciel et les passants dans son carbet. Mais comme la nuit était sans électricité, sans pétrole, sans chandelle, je ne vis rien d'autre que l'hospitalité.

Au matin, à six heures, nous reprîmes la montée du Maroni.

«Maintenant, il faudra les écouter, dit Siretta. S'ils vous disent de ne pas poser le pied à un endroit, n'insistez pas. C'est qu'ils auront vu la raie d'eau douce. Oui, elle est immobile. On la confond avec le sable, mais elle a un piquant au bout de la queue. Et, quand le piquant vous pique, adieu l'homme !

— Moi ai remède, dit Tatou cadet.

— Ocre bleue et tafia. Il paraît que c'est bon. En tout cas, c'est ce qu'ils emploient. »

Bien avant Pasteur et Calmette, ils trouvèrent le vaccin. Quand ils sont atteints par un serpent, ils lui broient la tête, s'entaillent et se vaccinent avec la bouillie. C'est radical.

« Si vous entendez des cris de putois, ne vous effrayez pas, ce sera un Bosch en train de devenir père. Oui, quand leurs femmes accouchent, les maris hurlent de douleur tout le temps de l'opération. Ce sont eux qui souffrent ! »

Sur l'autre rive, un poste de douane hollandais. Nous étions arrivés. Les Boschs amarrèrent le canot. Et, par un tracé, nous nous enfonçâmes dans la brousse !

Ce n'est pas la jungle, c'est la brousse. Ce n'est pas mieux, c'est différent, c'est moins touffu et plus marécageux. Les Tatous nous précédaient pour dépister le serpent grage.

« S'ils trouvent une tortue, vous rirez : ils frapperont trois fois sur la carapace avec leur baguette. Quand on ne frappe pas trois fois sur la carapace d'une tortue qu'on rencontre, on perd son chemin dans le bois.

— Est-ce que vous le connaissez au moins, vous, le chemin ?

— Faites plutôt attention aux herbes « jambes de chien » !

— Qu'est-ce que c'est ?

— Des herbes qui coupent la figure comme un rasoir. Tenez votre bâton devant vous droit comme un cierge. »

Siretta est aussi chasseur.

« On va bien dégotter un maïpouri (tapir).

— C'est bon à manger ?

— Goinfre ! »

Les Tatous nous montrent une fumée à droite.

« C'est un établissement de maraudeurs d'or et de balata. »

On s'approcha.

« Blancs ! crie un Tatou.

— Alors ce sont des évadés. »

Les six

Ces têtes ! Ils étaient six, six crevards autour d'un feu de bois. Il n'y eut pas de présentation.

« Donnez-nous à manger », dirent-ils, d'un souffle.

Et aussitôt :

« Des Français ! C'est des Français !

— Vous supposiez être au Venezuela, je parie ?

— Où est-on ?

— Pour un marcheur comme Lagadou, à dix heures de Saint-Laurent. »

Dire Lagadou dans le bois de Guyane, c'est clair pour tous. Lagadou est un nègre anglais des Barbades. Il fait quarante kilomètres par jour, dans ce labyrinthe sylvestre, sans se perdre jamais.

« Voilà onze jours qu'on marche. Oh ! Donnez-nous à manger ! »

Siretta leur donna une boule de pain.

Malgré leur estomac furieux, ils partagèrent en frères.

« Onze jours ! Dix kilomètres !

— D'où veniez-vous ?

— De Godebert.

— Mais vous serez donc toujours tous aussi gourdes ! fit Siretta.

— On avait de la nourriture pour cinq jours, c'était suffisant. Mais le radeau a coulé.

— Vous aviez fait votre radeau en pineau, pardi !

— Alors, quand sera-t-on au Venezuela ? »

Siretta haussa les épaules.

« Vous connaissez le Maroni. Vous avez au moins six fleuves comme lui avant le Venezuela. Rentrez au camp, cela vaudra mieux. »

C'étaient des jeunes, de vingt-deux à vingt-cinq ans. Ils étaient encore avec la camisole matriculée. Barbes de quinze jours, pieds déchiquetés, pâles comme la mort — la mort dans le bois.

« Alors par où qu'on rentre à Godebert ?

— Ne tourniquez pas ! Puisque vous n'y connaissez rien. Suivez le fleuve. Vous serez demain à Saint-Laurent.

— Et le malade ? » fit l'un.

Il paraît que l'un d'eux était plus malade que les autres. Cela ne se voyait pas.

« Soutenez-le.

— Dire qu'on ne voit pas de maïpouri, » fit Siretta.

Il se rattrapa sur un singe rouge.

La bête dégringola de l'arbre.

« Je vous la donne. »

Les six spectres sautèrent dessus comme tout à l'heure sur la boule de pain.

Pour Siretta ce n'était rien : il voit cette scène tous les jours.

« Adieu », fîmes-nous.

26. ET CET APRÈS-MIDI UN CONVOI ARRIVA

« M'sieur ! Le *Duala* est en vue.

— Bien, Ginioux. »

Le *Duala*, d'ailleurs, n'est plus le *Duala*, c'est la *Martinière*. Ici on dit toujours le *Duala*, *quand même !*

C'est la barque à Caron, le cargo-cage qui, de l'île de Ré, en passant par Alger, amène les forçats au Maroni. La rue conduisant au wharf s'animait de surveillants militaires qui, en marche, ajustaient leur revolver, sur leur hanche. Le *Duala* était bien en vue.

Marius (qui vous sera présenté à son heure) prit mon parapluie et nous partîmes.

Devant la statue de la reine Charlotte (c'est la République. Ainsi se nomme-t-elle en Guyane), deux Arabes, tenant chacun un papier à la main, s'approchèrent pour me parler.

Je pris leurs papiers.

« Mimouni Benjamine ould Mohammed », dit le plus vieux, tout doucement.

Ils savaient peu de français. Élevant ensemble un bras, ils me montrèrent le ciel et dirent en même temps :

« Moi libre ! Moi rentrer ! »

C'étaient des libérés, toujours.

« Moi pas travail, moi, retourner Oran, alors. Que faire devant le lit d'un mort ? »

C'est la même impuissance révoltante que l'on ressent ici toute la journée. Je leur dis que je m'occuperai d'eux tous à la fois.

Retombant sur l'herbe, ils me regardèrent partir comme un parent.

L'accostage du « Duala »

Le *Duala*, gris de couleur, cherchait sa route à travers le Maroni. Sur le Maroni, à cause des bancs, on ne peut marcher droit

Les bateaux remontent ou descendent la rivière en zigzaguant.

Un vieux forçat, caché derrière un arbre, épiait l'avance du cargo. L'ancien mâchait et remâchait des souvenirs.

Il pleuvait. La chape de plomb que chacun porte sous les tropiques en semblait alourdie ! Une légère émotion, malgré l'habitude, marquait les chefs. Le *Duala* siffla. Il accosta.

Derrière chaque hublot souqué un couple de têtes, joue à joue, s'encadrait. Ce verre épais les séparait, seul, maintenant, du but final. Ils cherchaient à voir.

L'ancre tomba.

La patente était nette. Pas d'épidémies, trois morts seulement. Libre pratique fut donnée.

Nous gravîmes la coupée. Le silence régnait sur le pont. Cela frappait d'autant que, sur un bateau, à l'arrivée, le brouhaha est de rigueur.

« Qu'on lui montre le bagne trois, à ce Monsieur », dit le commandant.

Le bagne n°3

Je descendis. La cale ordinaire formait la cour. Autour, écrasées par un toit bas, les cages. Il faisait sombre dans ces cages. On ne voyait distinctement que les forçats du premier rang, qui se tenaient aux barreaux, les autres, derrière, grouillaient confusément. Tous étaient vêtus de laine bleue, tondus, rasés.

« Voulez-vous entrer ? » me demanda le surveillant.

C'est comme s'il m'avait dit d'entrer dans une boîte à sardines quand les sardines y sont !

Aucune odeur. Propre même. Je crois qu'ils étaient cent dans ce bagne trois. Le bateau apportait six cent soixante-douze condamnés, moins les trois morts.

« Alors, tenez-vous prêts ! »

Le surveillant ouvrit la cage.

Contre les révoltes possibles, des tuyaux de vapeur donnent dans ces cages. Discipline ou ébouillantage : c'est à choisir.

« Au galop ! Au galop ! »

Chargeant en hâte leur sac, les forçats se précipitèrent.

Ils prenaient maladroitement l'échelle et, débouchant sur le pont de la coupée, tous trébuchaient.

« Adieu ! envoie un garçon du bord à l'un d'eux.

— Au revoir ! répond le forçat en tombant.

— Allons, grouillons ! »

Ils remontaient leur sac de toile sur l'épaule. Le sac glissait aussi.

Le débarquement

Quittant le bateau, je me postai sur le wharf.

Beau convoi ! C'étaient des hommes jeunes et costauds, mais un peu lourdauds. Recrutement de campagne plutôt que de faubourgs. Les Arabes avaient plus de race.

Tous saluaient, soulevant leur calotte de drap, ils saluaient des parapluies, ils saluaient des libérés débardeurs. Pour eux, dès lors, tout ce qui bougeait était un chef.

Un vieux paysan, lui, n'avait pourtant pas perdu son sang-froid : il portait trois sacs et il les serrait !

L'un avait le nez rouge. Ce nez aura le temps de blanchir.

Attentifs aux ordres, tous cherchaient à se ranger le plus vite, le mieux possible. Il pleuvait toujours.

La coupée présenta soudain une bête à deux dos. Un bagnard descendait un autre bagnard. À terre, le porteur posa l'homme, qui s'écroula. C'était un paralytique.

« Allons ! Trois hommes », cria un surveillant.

Dans la masse, une hésitation, aucun n'osait se détacher.

« N'importe lesquels. On ne choisit pas des images ! »

Trois transportés prirent le paralytique et le déposèrent dans un tombereau.

« Devrait-on nous envoyer des loques pareilles ? » fit le commandant de Saint-Laurent.

Le convoi débarquait sans cesse par deux échelles.

Parmi ces frustes, un homme tranchait. Il portait lunettes bordées d'écaille. C'était un garçon de famille, pas de ceux du bagne ! Il regardait ses compagnons comme s'il ne les avait jamais vus. Sa pensée était transparente : « Qu'est-ce que je fais dans ce troupeau ? »

« Allons ! Serrez ! Serrez ! »

Il serra comme les autres.

Voilà une bonne vieille bille d'Arabe. Il vient là comme il irait ailleurs, du moins l'imagine-t-on.

Cette fois, un moribond apparaît, porté sous les bras et par les pieds. On le pose sur le wharf.

« Oh ! » fait le malheureux.

Il a la fièvre typhoïde.

« Mais c'est un cadavre ! dit le commandant.

— Pas encore, répond l'infirmier.

— Doucement, doucement », crie un surveillant.

Et le squelette fait son entrée au bagne sur une civière.

Les rangs sont formés. On n'attend plus qu'un ataxique soutenu par deux camarades ; il marche aussi vite qu'il peut. C'est fait. Il a rejoint le troupeau.

On avait compté le gibier au fur et à mesure.

« Six cent soixante-trois debout, cinq dans le tombereau, un sur la civière, trois morts, ça fait le compte, dit un principal.

— Marche ! »

Le bataillon enfile le boulevard Malouet.

Ils vont au camp de Saint-Laurent, tout à côté. Certains essayent de découvrir le pays, mais le trajet est court. Voici déjà, surmontée de deux clés, armes symboliques de Guyane, la porte de fer.

Il est six heures, les anciens sont rentrés. Accrochés comme des singes aux barreaux des locaux, ils regardent l'arrivage. Autant de pigeons, pensent-ils, à plumer demain.

« Soixante-cinq par case, dit le principal. Grouillons ! »

En un tournemain, les 663 « de bord » sont enfournés. Je regarde : plus rien. Je me tourne vers un chef :

« Rien dans les mains, rien dans les poches, fait-il, vous pouvez voir. »

Ce que je vois, c'est que l'on a tout mis ensemble, sans triage : les mauvais, les pourris, les égarés, les primaires et les récidivistes, ce qui est perdu et ce qui pourrait être sauvé, les jeunes et les vieux, le vice et… j'allais dire l'innocence, et je me comprends. Ce n'est même pas le marché de la Villette. On ne les a ni pesés ni tâtés. Allez ! Grouillons ! Poussez ! Contaminez-vous, pourrissez-vous, dégradez-vous, mais ne nous em…bêtez pas !

« C'est le moment des tristes réflexions, me dit le principal. Ils se demandent maintenant comment on sort d'ici. »

On m'ouvre une case. J'entre. Ils ne se demandent rien du tout. Un baquet d'eau est entre les deux bat-flancs. Ils s'abreuvent comme des bêtes, déjà.

27. 2 448 BLANCS

« Si j'avais à écrire l'histoire du bagne, je commencerais ainsi… »

C'est Marius Gardebois, dit le Savoureux, ex-bagnard, ex-romanichel, et depuis trois semaines porteur attitré de mon parapluie, qui a la parole :

« Je commencerais ainsi : Il y avait une fois, en Avignon, un aveugle. Cet aveugle gagnait 20 francs par semaine, et 25 francs le dimanche, à cause de la porte de l'église. Il était heureux, monsieur. L'hiver, il avait un pardessus ; et toute l'année ses deux repas étaient assurés. Le soir, Tobie s'offrait une jeune fille pour la lecture. Passe le docteur Pamard : « Viens à l'hôpital, mon brave, lui dit le docteur, je te guérirai. » Huit mois après, je rencontre mon aveugle au pied du château des papes. Il voyait, mais n'avait plus ni souliers, ni pardessus. Sa mine était défaite. Il semblait un vieil orphelin égaré.

— Eh ! Mon pauvre vieux, lui dis-je, que se passe-t-il ?

— Malheur ! ce cochon-là *m'a réussi* ! »

C'était de son bienfaiteur qu'il parlait ainsi. En lui rendant la vue, l'homme de science l'avait jeté dans la misère. C'est l'histoire du forçat.

Quand on est forçat, on mange, on fume, on bricole. La fièvre vous mord-elle au dos? Si l'on sait s'y prendre, on reçoit une bonne couverture. Sans souci du lendemain ni de la colonisation, on rend grâces à Dieu de la boule de pain et des 95 grammes de bœuf. Ah ! Le bon souvenir ! Monsieur le libéré passe son temps à soupirer après les travaux forcés ! »

Nous touchons à une grave erreur du bagne.

C'est la loi, mais la loi s'est trompée.

Répétons-nous encore une fois. Quand un homme est condamné à cinq ou sept ans de travaux forcés, sa peine achevée, il doit demeurer encore cinq ou sept ans en Guyane. C'est ce que l'on appelle le doublage.

Quand un homme est condamné à huit ans et plus : ce n'est pas alors pour lui : quitte et double, mais quitte et crève. *Il doit rester toute sa vie sur le Maroni*.

Bien.

La loi a pris cette mesure pour deux motifs :

1° l'amendement du condamné ;

2° les besoins de la colonisation.

Très bien.

La loi prévoit que le transporté libéré pourra recevoir une concession.

Bravo !

Or, à ce jour, l'effectif des libérés est 2448.

Souvenez-vous, s'il vous plait, de ce troupeau hagard d'hommes avilis que je vous montrais, l'autre jour, rôdant par les rues indifférentes et cruelles de Saint-Laurent-du-Maroni.

Deux mille quatre cent quarante-huit blancs sans toit, sans vêtement — évidemment, ils ne se promènent pas tout nus — sans vêtement quand même, sans pâture, sans travail et sans l'espoir d'une embauche. Tous ont faim. Ce sont des chiens sans propriétaire.

Leur peine est finie. Ils ont payé. A-t-on le droit, pour la même faute, de condamner un homme deux fois ?

Laissons la théorie. Regardons encore la réalité.

Deux mille quatre cent quarante-huit individus, le moral anéanti, le physique dégradé, et vivant comme des bêtes galeuses qu'on chasse de toutes parts. On leur a assigné un espace et, dans cet espace, ils grouillent, ils maudissent le jour, ils se saoulent, ils s'entre-tuent. Voilà l'amendement !

Ils sont assis sur ce trottoir, sombres lazaroni. Vous passez, ils ouvrent un œil et se rendorment. Voilà la colonisation !

Pourquoi ?

Parce que les concessions, *c'est de la blague !* On en compte *sept* ou *huit* (2448 libérés !).

Font-ils leurs affaires, ces sept ou huit nababs du Maroni ? Ils vivotent. Ce qui pousse, ils le portent au marché dans le creux de la main. Encore ne vendent-ils pas tout. Si petite que soit l'offre, elle dépasse la demande, en Guyane.

Un seul, Piron, ex-maire de Gentilly, menait bien sa maison. On le trouva, l'autre matin, dans son carbet, la tête d'un côté, le corps de l'autre. Le sabre d'abatis, instrument de cet ouvrage, gisait encore sanglant sur le parquet. Des voisins avaient rendu visite à Piron…

Donc, pas de concessions.

Alors, direz-vous, qu'ils s'emploient en ville !

Je n'ai pas compté les comptoirs sur mes doigts, mais je crois que j'aurais eu assez de doigts pour le faire. Mettons dix maisons de commerce. Ces maisons préfèrent les « assignés », forçats en cours de peine. Ceux-ci sont plus dociles ; quand ils flanchent, on leur dit : « Je vais te renvoyer au camp ! » Et ça ne flanche plus ! Et puis, c'est beaucoup moins cher. C'est pour rien, presque. Le forçat trouve une place, le libéré n'en trouve pas !

Eh bien ! S'ils ne trouvent pas de travail, qu'ils aillent plus loin ! ajoutez-vous.

Ils ne trouvent pas d'embauche, *mais n'ont pas le droit d'aller ailleurs*. C'est formidable ! Mais n'employons pas de grands mots. L'habitude en serait trop vite prise avec ce sujet.

Alors, ils volent.

Et si j'étais à leur place…

Et si vous étiez à la leur…

Il faut voler ou se suicider.

Dans ce monde, on fait plutôt un geste que l'autre.

Quand il ne porte pas mon parapluie, Marius travaille chez Raquedalle. C'est un Chinois. Marius l'appelle Raquedalle parce que, dit-il, ce qu'il *raque*, humecte tout juste la *dalle*. Parfois, Marius gagne un pain et cinq sous. Un autre jour, vingt sous sans le pain. Alors, rue Mélinon, je le rencontre, ses vingt sous marqués dans la main. Il réfléchit : « Si je mange, je ne puis pas fumer ; si je fume, je ne mangerai pas. » Il se tâte et, penchant la tête, il sourit profondément.

Mais Marius est Marius. Les autres ne sont pas philosophes. Ils vitupèrent et deviennent fous.

Cette nuit, tenez, rue Mélinon (tout se passe rue Mélinon), un libéré, à genoux sur le trottoir, un bout de chandelle devant lui, les bras en croix, criait à tue-tête : « Donnez-moi la ciguë, s'il vous plaît, donnez-moi la ciguë. »

Ils n'ont pas soif, cela je l'affirme. Ils noient tout dans le tafia et les misères physiologiques et le mépris dont on les entoure et l'angoisse qui, à leur insu, désagrège leur âme, âme qu'ils ne sentent peut-être pas, mais qu'ils ont quand même !

Savez-vous l'homme le plus malade, à Saint-Laurent, de tout ce scandale ? C'est le pasteur.

Il arriva tout de go, un beau matin, avec ses bottes. Il venait régénérer le bagne. Sa valise était toute petite, mais son cœur… Et il parut rue Mélinon.

« Mais enfin, monsieur, me dit-il, qu'est-ce que c'est que cela ?

— Le bagne, monsieur le pasteur. »

L'homme de Dieu allait, venait, revenait.

« Mais j'ai fait la guerre, monsieur, et ce n'était pas ainsi.

— Heureusement ! »

Il essuyait ses lunettes, les remettait.

Et soudain, me fixant dans les pupilles :

« Mais si vous ne dites pas ces choses, monsieur, vous serez un misérable ! »

Je lui ai pardonné, il était déchaîné.

J'ai rencontré Manda. Oui, Manda *de la Bande à, de la Bande à Manda.* Il n'est pas mort, non ! L'amant de « Casque d'Or » vit encore. Il est libéré. Quand je l'aperçus, il était sur une échelle, la truelle en main, faisant le maçon.

« Oui, je suis maçon, me dit-il, ça ne vous va pas ?

Quand je l'eus apprivoisé, nous partîmes tous deux prendre un verre chez Pomme-à-Pain.

« Un mou-civet ! Un ! »

On ne mange que des mous-civet dans ces palaces !

« Et vous ne savez pas combien cette crapule de Pomme à Pain tire de biftecks dans une tête de bœuf ? Dix-neuf ! Eh bien ! Voilà notre vie ! J'ai fait vingt ans. Pourquoi ? Pour rien. Un fripouillard, Lecca, me brûle d'un coup de revolver, je lui envoie mon couteau dans le ventre. C'est de la défense.

Il n'en est pas même mort. Le bouquet, c'est qu'il est venu — pour une autre affaire. — Pendant cinq ans, nous nous sommes cherchés — non pour nous embrasser. Il voulait me tuer, et prétendait ne s'être fait envoyer au bagne que dans ce but. Bah ! Bah ! Tout cela est vieux, c'est fini. J'ai payé pour le socialisme, pour l'anarchisme, pour l'apachisme.

J'ai payé. Bien. Mais c'est fini. *Plutôt ça commence !* Quand je me regarde aujourd'hui, je me dis que j'étais heureux au bagne. J'ai été infirmier pendant vingt ans. Tous les docteurs vantaient mon doigté. J'avais leur confiance. Je faisais moi-même, tout seul, les petites opérations. J'aidais ces messieurs dans les grandes.

Mes vingt ans s'achèvent. On me met à la porte. Non les docteurs ! Ils ont tout fait pour me garder, mais c'était la loi : À la porte ! Et maintenant, vous voyez ! La maison que je bâtis sera bientôt finie. Je serai sur le pavé, sous le marché couvert. Je ne suis pas un fainéant, qu'on me donne du travail.

Et quelle existence ! Ne toucher la main à personne. Ne pas s'asseoir. Savez-vous que l'on ne vous offre jamais une chaise ! Alors, on pleure. On sort de chez un Chinois pour entrer chez un autre Chinois (les caboulots). On vient là, chez Pomme à Pain. Ah ! Le Caveau ! L'Ange Gabriel ! Mais c'était des salons, si on compare !

Les honnêtes gens eux-mêmes auraient honte de fréquenter ici. On vous plonge tout vivant dans la crapule. J'ai un métier. Je suis presque médecin. Si je l'exerce, on me f… dedans. Mais sortez-nous de cette ordure ! Mais faites-nous donner du travail ! Pour le libéré c'est la mort certaine.

J'ai été vingt ans honnête à l'hôpital. Je ne puis pas me remettre apache. Je ne me vois plus sur le Maroni guettant les canots d'or qui descendent et tâchant de viser juste. Maintenant, de tous les côtés, je *suis bon*, même du côté des Bambous.

À Paris, dans n'importe quel hôpital, je trouverais une place. Pourquoi, vous qui êtes les plus forts, nous écrasez-vous ? Nous avons payé… payé ! »

Voici une histoire.

Un libéré, « coupable d'avoir volé des légumes dans le jardin d'un concessionnaire et de les avoir mangés sur place », est amené chez un surveillant.

« Quoi, fait le surveillant, toi qui, au bagne, pendant dix ans, fus si honnête ! Va-t'en, mais ne recommence plus.

— Mettez-moi en prison, supplie le malheureux.

— Je ne pourrai te garder qu'un jour.

— Merci ! »

Le lendemain, après la ration, le surveillant veut renvoyer son homme.

« Par pitié ! Conservez-moi encore un jour.

— Tu me promets de ne plus voler ?

— Promis, chef ! »

Quand, le lendemain, le surveillant ouvrit la case, son protégé était pendu. Le testament, écrit sur le mur, disait : « Je vous avais promis de ne plus voler, chef ! C'est ma seule façon de tenir parole. »

Le soir à dix heures, je me promenais dans Saint-Laurent avec deux Français, Bouillon et Lalanne, mes amis ; soudain, Lalanne se détache de nous et court vers l'autre trottoir.

« Qu'est-ce que vous faites là ? dit-il à deux ombres.

— Mais rien, Monsieur Lalanne (tout le monde se connaît ici, les crapules et les honnêtes gens). »

Ils avaient déjà forcé la serrure de la porte.

« F…tez le camp !

— On préférerait bien travailler, monsieur Lalanne… Y a pas de travail ! »

Voilà !

Je rêve encore chaque nuit de ce voyage au bagne. C'est un temps que j'ai passé hors la vie. Pendant un mois, j'ai regardé les cent spectacles de cet enfer et maintenant ce sont eux qui me regardent. Je les revois devant mes yeux, un par un, et subitement, tous se rassemblent et grouillent de nouveau comme un affreux nid de serpents.

Assassins, voleurs, traîtres, vous avez fait votre sort, mais votre sort est épouvantable. Justice ! Tu n'étais guère jusqu'à ce jour, pour moi, que la résonance d'un mot ; tu deviens une Déesse dont je ne soutiens plus le regard.

Heureuses les âmes droites, certaines, dans le domaine du châtiment, de donner à chacun ce qui lui appartient. Ma conscience est moins sûre de ses lumières. Dorénavant, si l'on me demande d'être juré, je répondrai : « Non ! »

Albert Londres

LETTRE OUVERTE À M. LE MINISTRE DES COLONIES.

Monsieur le Ministre,

J'ai fini.

Au gouvernement de commencer.

Vous êtes un grand voyageur, M. Sarraut. Peut-être un jour irez-vous à la Guyane. Et je vois d'ici l'homme qui, en Indochine, a fait ce que vous avez fait. Vous lèverez les bras au ciel, et d'un mot bien senti, vous laisserez, du premier coup, tomber votre réprobation.

Ce n'est pas des réformes qu'il faut en Guyane, c'est un chambardement général.

Pour ce qui est bagne, quatre mesures s'imposent, immédiatement :

1° La sélection. *Ce qui se passe aujourd'hui est immoral pour un État. Aucune différence entre le condamné primaire et la fripouille la plus opiniâtre. Quand un convoi arrive : allez ! Tous au chenil, et que les plus pourris pourrissent les autres. Le résultat est obtenu, monsieur le ministre. Il n'y faut pas un an.*

2° Ne pas livrer les transportés à la maladie.

Et cela pour deux raisons. D'abord par humanité, ensuite par intérêt.

La première raison intéresse le bon renom de la France, et la deuxième l'avenir de la colonie. Vous envoyez de la main-d'œuvre à la colonie et vous faites périr cette main-d'œuvre. Ne serait-ce que pour la logique, qui est l'une des manières de raisonner les plus appréciées de notre génie, il faut éloigner du bagne les fléaux physiques.

Rendre la quinine obligatoire.

Inventer un modèle de chaussures (puisqu'ils vendaient jadis celles qu'on leur donnait), chaussures qui seront sans doute infamantes, mais salutaires.

Nourrir l'homme non pour satisfaire à un règlement, mais pour apaiser un estomac.

Tous vos médecins coloniaux vous diront que c'est là le premier pas.

3° Rétribution du travail.

Pour faire travailler un homme qui est nourri (peut-être cela changera-t-il au vingt-cinquième siècle, mais nous ne sommes qu'au vingtième), il faut au moins trois choses : l'appât d'une récompense, la crainte d'un châtiment exemplaire ou l'espoir d'améliorer sa situation.

Pour ce qui est châtiment, nous ne pouvons mieux faire. Ce moyen, dans cette société-là, n'est donc pas efficace. Il vous reste les deux autres. Ainsi procèdent les bagnes américains. Le résultat est favorable.

4° Suppression du doublage et de la résidence perpétuelle comme peines accessoires.

Si je ne vous ai pas prouvé, monsieur le ministre, que les buts du législateur n'ont pas été atteints, tout vous le prouvera.

Le libéré ne s'amende pas, il se dégrade.

La colonie ne profite pas de lui, elle en meurt.

J'ai dit pourquoi. Vous le savez. À autre chose.

La main-d'œuvre ayant été remise en état, l'essentiel manquera encore : un plan de colonisation.

La Guyane est un Eldorado, mais on dirait que nous venons d'y débarquer. Depuis soixante ans, nous tournons autour d'une coquille qui renferme un trésor et nous n'osons briser cette coquille.

Il y a de l'or en quantité, toutes les essences les plus précieuses. Il y avait du balata. Il y aura peut-être du bali. Il n'y aurait qu'à se baisser ou qu'à monter aux arbres. On boit un punch et l'on se croise les bras. Pourquoi ? Le pays n'est pas équipé.

Le pays n'est pas équipé, parce que le directeur qui vient détruit le travail du directeur qui s'en va.

Les colonies ne sont pas faites pour MM. les fonctionnaires, si honorables soient-ils.

Une fois votre plan établi, monsieur le ministre, vous direz à l'homme que vous aurez élu : Partez ! Si cet homme meurt, tombe malade ou en pâmoison, vous direz au successeur que vous lui donnerez : Partez ! Les grands intérêts de la nation doivent être au-dessus des hasards qui souvent président au choix des exécutants. Il y a le conseil général de la Guyane ! Je sais ! Le conseil général de la Guyane est prêt à acclamer celui qui, à sa tête, marchera à la découverte de son pays. Du moins il faut le penser, sinon...

Vous voilà, monsieur le ministre, devant une reconstruction. Comme le terrain n'est pas libre, vous vous trouverez du même coup en face d'une démolition. Il faudra passer sur le corps de l'administration pénitentiaire.

Vous aurez beau câbler au gouverneur qu'il a toute autorité sur le directeur, cela n'empêchera pas le directeur d'être le gérant absolu des quatorze millions que vous lui envoyez chaque année pour ses bagnards.

Le gouverneur aura peut-être l'autorité, mais le directeur aura l'argent.

L'administration pénitentiaire est un corps trop étroit, vivant sur lui-même, recruté, en partie, sur place, avançant sur place.

Le directeur est un roi trop autonome et, sinon vous, du moins vos prédécesseurs ont pu voir des directeurs faire sauter des gouverneurs.

Le remède ? Il en est plusieurs : fondre le corps de la Pénitentiaire avec celui des administrateurs coloniaux. Du même coup, l'administrateur en chef tomberait dans la main du gouverneur, c'est-à-dire dans la vôtre. D'autres proposent de donner le bagne aux militaires. Le passé plaide en faveur de leur thèse. La Guyane n'a travaillé que lorsqu'un colonel dirigeait tout. Cette idée vous paraîtra peut-être fort réactionnaire si toutefois aller de l'avant peut s'appeler revenir en arrière !

Et voici les hommes modernes :

— Affermez le bagne à un gros industriel, à un homme d'affaires d'envergure. Et vous verrez le rendement.

Vous avez le choix, monsieur le ministre et peut-être aussi votre idée. Nous l'attendons.

Je voudrais vous signaler deux cas :

1° Celui des Grecs condamnés par le Conseil de guerre de Salonique. Il ne vous est pas inconnu, vous avez déjà grâcié plusieurs d'entre eux : Papagermanos, Stefo Risto, Ismaïl, Kiasini, Vessel… Il en reste encore onze ou douze.

Ce n'est pas parce qu'ils m'ont dit : Tipota : « Je n'ai rien fait », que je m'occupe d'eux, mais je connais la Macédoine. Sont-ils Grecs, Serbes, Bulgares, Turcs, ils n'en savent rien, nous non plus. C'était la lutte, l'époque où un soupçon était déjà une preuve. On ne contrôlait guère. Il y avait certainement, dans nos rafles, beaucoup plus de vieux bergers ahuris que d'espions. Leurs dossiers sont loin d'être lumineux. Ils ont bien payé, même ceux qui n'ont rien fait ! Renvoyez-les dans leur montagne. La France ne gagne rien à les retenir. La guerre est finie.

2° Le cas des frères Gonzalez, Espagnols, internés à l'île Royale, pour intelligences avec l'ennemi. Les autorités de la pénitentiaire leur ont bien accordé de petits postes de faveur. C'est peu quand on demande, comme ils le font, la mort ou la réhabilitation, leur affaire n'est pas claire.

La Justice ne réclame que des coupables, et non des innocents, même étrangers.

Voilà Monsieur le Ministre. Et croyez que, si l'enquête présente pêche sur un point, ce n'est pas pour avoir ajouté, mais oublié des choses.

Veuillez croire, monsieur le ministre…

ALBERT LONDRES.

FIN

Table des matières

Dépôt légal : Janvier 2017

www.ingramcontent.com/pod-product-compliance
Lightning Source LLC
Chambersburg PA
CBHW050125280326
41933CB00010B/1249
* 9 7 8 1 9 1 1 5 7 2 1 4 5 *